JN224958

日本史のなかの広島県

白井比佐雄 編

壬生の花田植(北広島町観光協会提供)

山川出版社

広島県の関連略年表

時代	年代	事項
旧石器	3万年前頃	石器の制作が始まる(冠遺跡群)
	1万7000年前頃	東広島市ガガラ遺跡で日本最古級の住居跡がみつかる
縄文	1万年前頃	洞窟・岩陰に土器など生活の痕が残る(帝釈峡遺跡群)
	8000〜6000年前頃	現在に近い瀬戸内海が現れ、貝塚が形成される(太田貝塚)
弥生	2200年前頃	四隅突出型墳丘墓が造営される(陣山墳墓群、佐田谷墳墓群など)
古墳	300頃	大迫山1号古墳など前方後円墳造営
	400頃	糸井大塚古墳(帆立貝式古墳)、三ッ城古墳(前方後円墳)など造営
	500頃	二子塚古墳など畿内系古墳文化が浸透。各地で製鉄・製塩が行われる
	618(推古26)	造船を司る使者が安芸に派遣される。この頃、安芸国や備後国が設置
奈良	741(天平13)	安芸・備後など諸国で国分寺の建立が始まる
平安	881(元慶5)	瀬戸内海沿岸諸国に海賊追討令
	939年(天慶2)	藤原純友の乱(〜941)始まる
	1164年(長寛2)	平清盛と一族、厳島神社に法華経など33巻を奉納(『平家納経』)
	1168年(仁安3)頃	平清盛が厳島神社社殿を整備する
	1169年(嘉応元)	後白河上皇が尾道を大田荘(庄)倉敷地に定める
鎌倉	1207(承元元)	厳島神社炎上。安芸国を厳島社造営料国とし再建をすすめる
	1221(承久3)	承久の乱の結果、関東の御家人が芸備国内の地頭に任命される
	1336(建武3)	足利尊氏、九州から京に攻めのぼる途中、尾道、鞆に寄港する
室町	1508(永正5)	この頃、大内義興、足利義尹(義稙)を奉じて上洛。安芸国人も従う
	1540(天文9)	尼子軍、毛利元就の拠点郡山城を攻撃。翌年、毛利・陶軍、尼子氏に勝利
	1555(弘治元)	元就、厳島の戦いで陶晴賢を破る。以後、中国地方に領国を拡大

管絃祭(広島県観光連盟、厳島神社許諾)

時代	年	できごと
安土・桃山	１５８９(天正17)	毛利輝元、広島城の築城を始める
	１６０１(慶長6)	関ヶ原の合戦により、毛利氏に代わって福島正則が広島城に入る
江戸	１６１９(元和5)	福島正則、改易となり、その後に浅野長晟と水野勝成が入封
	１６２２(元和8)	福山城が竣工
	１６５０(慶安3)	竹原塩田が築かれる
	１７１０(宝永7)	阿部正邦が福山に入封
	１７８６(天明6)	備後天明の大一揆
	１７９７(寛政9)	菅茶山の私塾を福山藩の郷校とし、廉塾と称す
	１８５３(嘉永6)	ペリー来航。阿部正弘が老中首座として対応にあたる
	１８６６(慶応2)	長州戦争、広島藩領内で両軍衝突(芸州口の戦い)
明治	１８７１(明治4)	廃藩置県で広島県・福山県・中津県など成立。武一騒動、福山県大一揆
	１８７３(明治6)	広島鎮台が置かれる
	１８８４(明治17)	宇品築港事業起工
	１８８９(明治22)	呉鎮守府開庁。１９０３年、造船廠・造兵廠が合併し呉海軍工廠となる
	１８９４(明治27)	日清戦争開戦、広島に大本営が設置される
昭和	１９４１(昭和16)	戦艦大和、呉海軍工廠で竣工
	１９４５(昭和20)	呉市空襲、広島市に原子爆弾投下される、福山市空襲
	１９４９(昭和24)	広島平和記念都市建設法が施行される
	１９５０(昭和25)	プロ野球広島東洋カープ球団結成
	１９５５(昭和30)	平和記念資料館(原爆資料館)開館
平成	１９９６(平成8)	原爆ドーム、厳島神社、ユネスコ世界文化遺産に登録
	２０１１(平成23)	壬生の花田植、ユネスコ無形文化遺産代表一覧に記載

旧海軍兵学校(江田島市)

日本史のなかの
広島県
目次

広島県の歴史講義

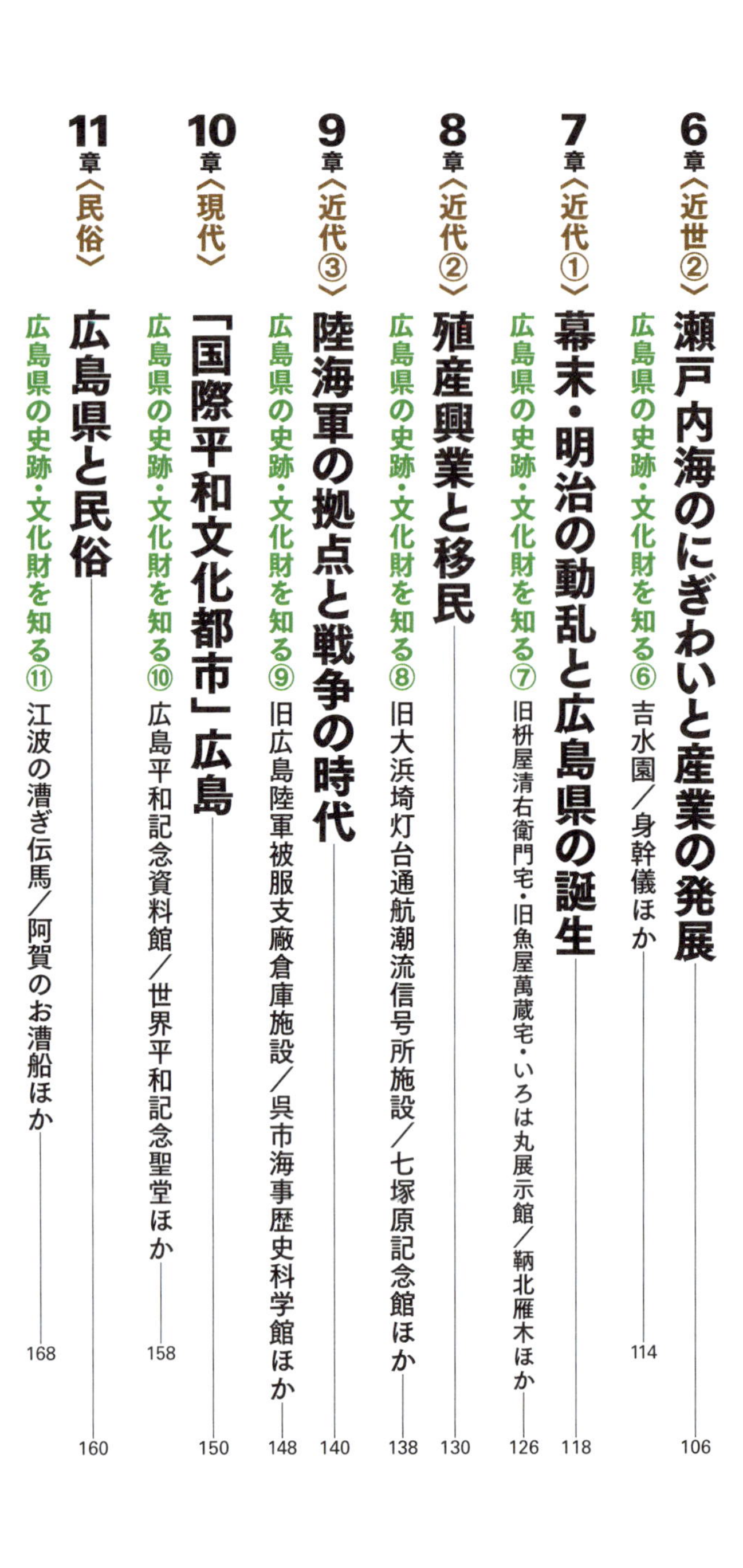

コラム

もっと知りたい！
深掘り広島県史

広島県エリア別史跡・文化財マップ

〈資料編〉

本書の凡例：本書に登場する明治5年以前の月日は、旧暦のものです。
文化財の種別について、左記のように略しています。

国宝 国宝　重文 重要文化財　国史 国史跡　国名 国名勝　国天 国天然記念物
登録 国登録有形文化財　特史 特別史跡　特名 特別名勝　特天 特別天然記念物
県指定 県指定文化財　市指定 市指定文化財　町指定 町指定文化財

芸予諸島(広島県観光連盟提供)

井仁の棚田(筆者撮影)

はじめに――広島県の風土と人間

地形と気候――中国山地・高原・瀬戸内海の三段構成

広島県は瀬戸内海北岸中央やや西よりに位置し、東西の長さは約一三二キロ、南北の長さは約一一九キロである。面積は約八四七九平方キロあり、全国第一一位の広さである。

広島県の地形は、大きく北から脊梁山地面(標高一〇〇〇メートル前後)、吉備高原面(標高三〇〇～七〇〇メートル)、瀬戸内面(標高〇～二〇〇メートル)と連なる浸食小起伏面で形づくられている。県域の約八〇パーセントは山地で、海岸や市街地の近くまで急斜面が迫る。平地は狭く、急斜面を切り開いた「鹿島の段々畑」(呉市)、「重井の除虫菊畑」(尾道市)などの段々畑が各所に造られ、「井仁の棚田」(安芸太田町)などの棚田も見られる。また、大河川が少なく、県土の五一パーセントは中国山地脊梁部を貫き日本海へ注ぐ江の川の水系の流域(県内流域面積二六二五平方キロ)と瀬戸内海へ流れる太田川の水系の流域(同一七一〇平方キロ)が占める。

県内の海面は芸予諸島などの諸島と備後灘、伊予灘などの

「灘」に分かれる。島嶼は大小一五三を数え、その多島美は朝鮮通信使やシーボルトなどの来訪者を魅了してきた。

県内には帝釈峡（庄原市、神石高原町）など石灰岩台地も見られるが、県域の約四〇パーセント、西部から南部の広範囲を「広島花崗岩」が占める。「広島花崗岩」が風化した「まさ土」と呼ばれる侵食されやすい砂状の土壌も広範囲で見られ、土砂災害（特別）警戒区域は約四万八〇〇〇カ所に及ぶ。

気候はおおむね、季節風の影響が少なくかつ晴天が多い「瀬戸内海式気候」で、年間平均気温一六・八度、年間平均降水量は一八七八・五ミリである。一方、気候上の地域差は大きく、中国山地脊梁部と瀬戸内海沿岸では、年間平均気温で五度前後、年間降水量で一一〇〇ミリ前後の差がある。中国山地脊梁部では冬季に積雪が見られ、豪雪地帯にも指定されている。

中国山地脊梁部は落葉広葉樹林のイヌブナ、シデ林、ブナ林が、瀬戸内海沿岸は常緑広葉樹林のシイ林が極相だが、これら極相林は中国山地脊梁部の一部や厳島などにごくわずかに残るのみで、森林の約七割は人為的要因により形成されたアカマツ林が占めている。

「ものづくり」が盛んな産業構造

このような自然環境のなか、県内では、コメをはじめ、キャベツ・アスパラガス・ホウレンソウなどの野菜栽培、レモン・みかん・はっさくなど柑橘類その他の果樹栽培、比婆牛・神石牛など和牛の生産をはじめとする畜産が盛んで、広島菜・くわい・わけぎ生産も知られている。また、かつては藺草・木綿を日本有数の規模で生産しており、現在も藺草生産地の一部は「ふるさと文化財の森」に設定されている。

水産業では広島湾のカキ養殖がとくに知名度が高く、全国有数の漁獲生産量を誇る。「あび漁」が行われる海面やスナメリを目印にする漁法が行われていた海面は天然記念物に指定され、「鞆の浦鯛しばり網漁法」と内水面漁業の「三次鵜飼の民俗技術」は民俗文化財に指定されている。

製造業は自動車、船舶などの輸送機械工業の比重が高く、鉄鋼業、生産用機械工業や石油化学工業、電子部品デバイス工業もみられる。デニム、針や手縫い針、ヤスリ、家具、ユネスコ無形文化遺産「伝統的酒造り」でもある軟水醸造法を用いた清酒醸造、中世以来名声を博してきた備後表(中継表)その他の特徴的な産業、熊野筆・広島仏壇・宮島細工・福山琴・川尻筆(以上国指定)や、一国斎高盛絵・銅蟲・宮島焼・戸河内刳物・戸河内挽物・備後絣(以上県指定)などの伝統的工芸品もよく知られる。

歴史的産業としては、たたら製鉄、塩田製塩が挙げられる。たたら製鉄は、おもに中国山地で砂鉄を原料に二〇世紀初頭まで行われ、高殿たたら製鉄と鉄穴流しの痕跡は現在も中国山地各地で認められる。製塩は、本県域では古墳時代には土器製塩が始まり、江戸時代には入浜式塩田による製塩が竹原、松永など瀬戸内海沿岸で盛行、東北地方、北陸地方に販路を広げていた。

レモン(広島県観光連盟提供)

江田島とカキ筏(広島県観光連盟提供)

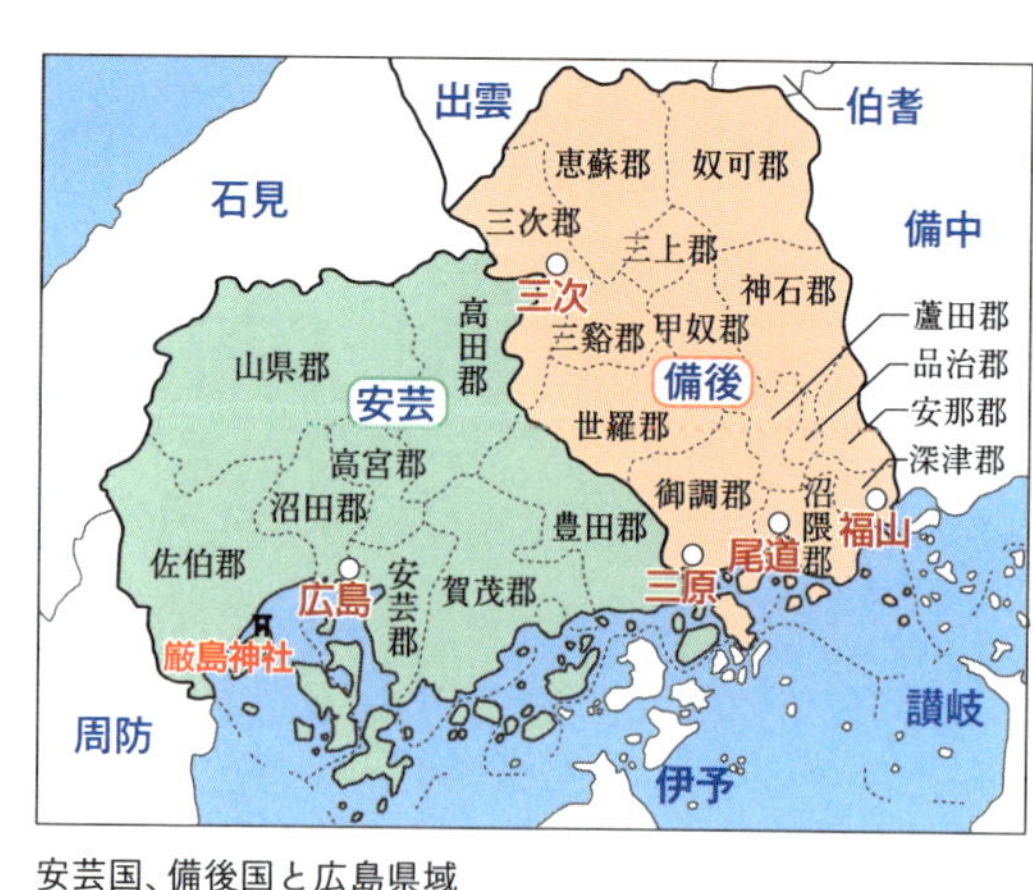

安芸国、備後国と広島県域

方言、世界遺産、三大プロ

広島県の西部は安芸国、東部は備後国にあたり、県全域を「芸備」とも呼ぶ。西部と東部では方言が若干異なり、西部では山口県東部や島根県西部の方言と共通する要素をもつ安芸方言（安芸弁、広島弁）、東部では岡山県の方言と同じカテゴリーに分類される備後方言（備後弁）が使われている。両者の語尾（例えば「〜ばぁ」や「〜つかぁさい」）その他の特徴を取り上げた「備後ばぁばぁ安芸からす」などの言葉も伝えられている。

県内には世界文化遺産「厳島神社」（廿日市市）・「原爆ドーム」（広島市）や、ユネスコ無形文化遺産「壬生の花田植」（北広島町）があり、世界中から多くの観光客が訪れる。また、広島市民の誇りとして広島交響楽団・サンフレッチェ広島・広島東洋カープの「三大プロ」が挙げられることもあり、広島の伝統文化を代表する一つ上田宗箇流（広島市）や稲生物怪録などの「妖怪」物語（三次市）、日常生活を表す「路面電車（チンチン電車）」（広島市）、「渡し船」や広島県民の歴史に関わる「移民」などのワードも広島を語るときによく登場する。

広島県ならではの料理としては、広島市を中心とするお好み焼きが著名で、あなご飯・かき料理や、はっすん・いぎす豆腐もよく知られる。三次市を中心とする江の川水系上流域では、日本海のサメを調理するワニ料理が古くから食され、小いわし・たこ・たい・ねぶとなどの海産物、いりこ・でびら(でべら)・がんす、その他の水産加工物のほか、日本三大菜漬けの一つ広島菜漬けなども本県を代表する食材となっている。

広島県に多い安芸門徒、厳島信仰

安芸国の大部分、太田川水系流域から江の川水系流域西部にかけての一帯では浄土真宗の寺院が多く見られる。この地域の浄土真宗の信者は「安芸門徒」と呼ばれ、講・煮ごめ(郷土料理)や盆燈籠(ぼんとうろう)のような地域の風習に強い影響を残している。

厳島神社の祭神に対する信仰は、瀬戸内海地域を代表する海神信仰の一つであり、その信仰圏は広島湾沿岸を中心に本県域西部から愛媛県域西部、芸予諸島周辺に及ぶ。厳島信仰は弁財天信仰と習合して商業神的性格も加えることで全国的な名声を博し、管絃祭(かんげんさい)などの祭礼時を中心に多くの参詣者を集めている。

人々の営みが織り上げた広島県の歴史と文化

このような広島県の文化は、六〇〇〇年前頃に瀬戸内海が今の形になって以来繰り広げられてきた、人々の営みの所産である。本書では、これら広島県の歴史や文化の歩みを、史跡その他の文化財をとおしてたどっていきたい。

(白井)

P14～P23 の地図は、
数値地図（国土基本情報 20 万）（国土地理院）および、
数値地図（国土基本情報）25000（国土地理院）を
加工して作成した。
庄原市
備北エリア
P16
三次市
神石高原町
岡山県
世羅町
府中市
福山市
三原市
尾道市
竹原市
大崎上島町
備南エリア P18
愛媛県
N
0
20km

広島県エリア別 史跡・文化財マップ

全国的に有名な場所から地元の身近な場所まで、
本書に登場する史跡・文化財・博物館などを
エリア別（備北・備南・芸北・芸南）に掲載。
地域ごとの特色から広島県の歴史をたどる。

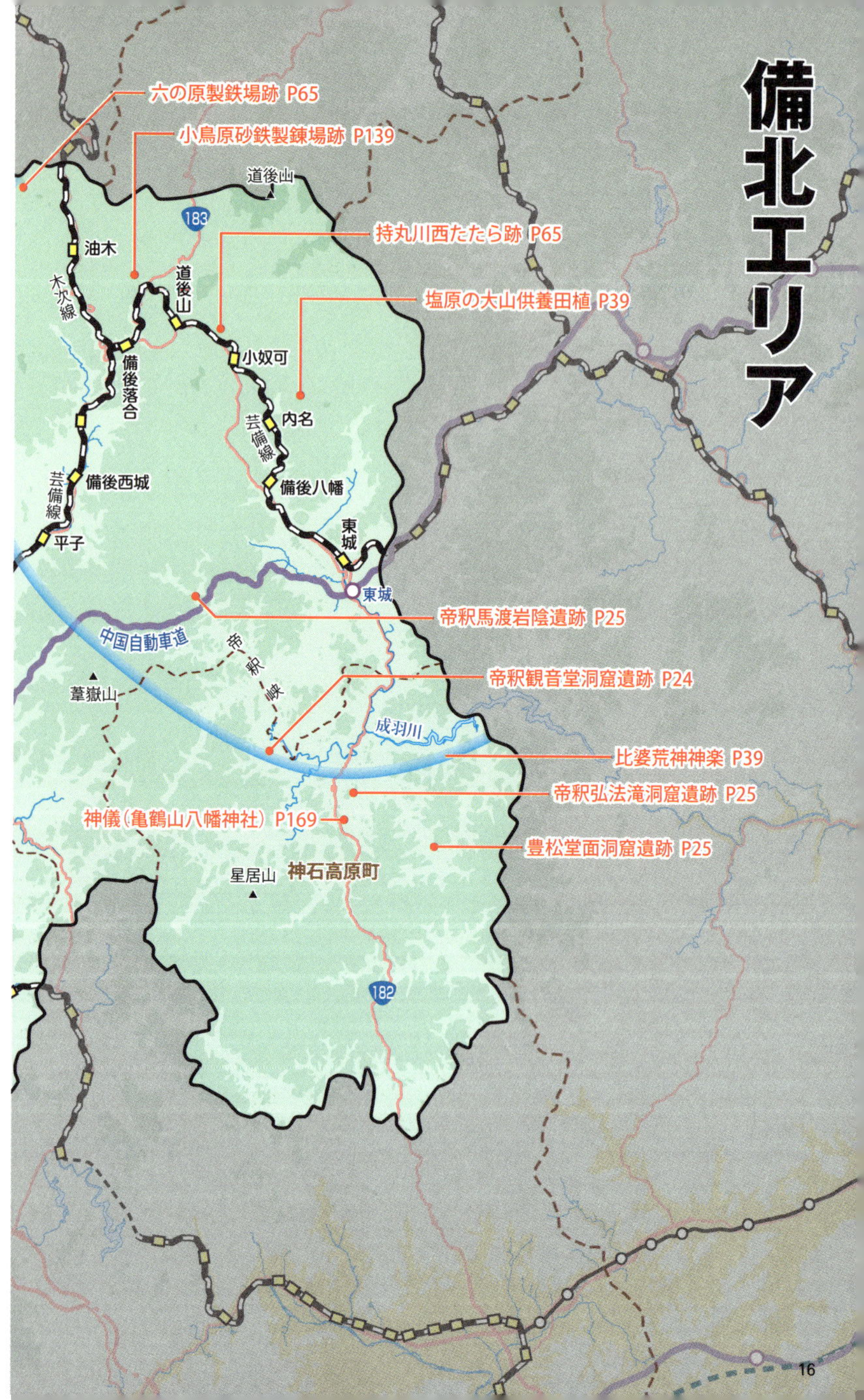
備北エリア
六の原製鉄場跡 P65
小鳥原砂鉄製錬場跡 P139
道後山
183
持丸川西たたら跡 P65
塩原の大山供養田植 P39
油木
木次線
道後山
小奴可
備後落合
内名
芸備線
備後八幡
芸備線
備後西城
平子
東城
東城
帝釈馬渡岩陰遺跡 P25
中国自動車道
帝釈峡
葦嶽山
帝釈観音堂洞窟遺跡 P24
成羽川
比婆荒神神楽 P39
帝釈弘法滝洞窟遺跡 P25
神儀（亀鶴山八幡神社） P169
豊松堂面洞窟遺跡 P25
星居山
神石高原町
182

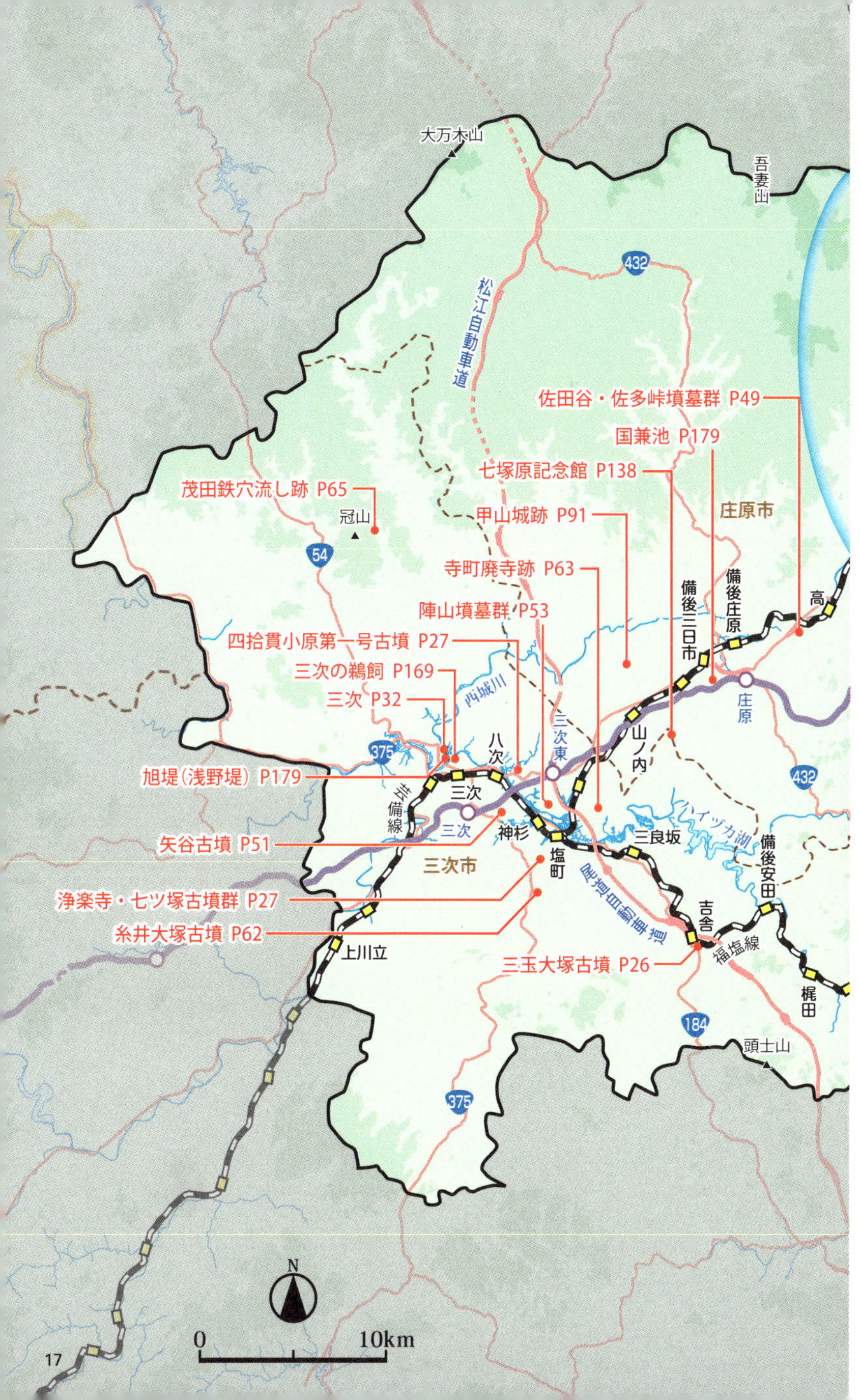
大万木山
吾妻山
432
松江自動車道
佐田谷・佐多峠墳墓群 P49
国兼池 P179
七塚原記念館 P138
茂田鉄穴流し跡 P65
冠山
甲山城跡 P91
庄原市
54
寺町廃寺跡 P63
陣山墳墓群 P53
備後三日市
備後庄原
高
四拾貫小原第一号古墳 P27
三次の鵜飼 P169
西城川
庄原
三次 P32
三次東
山ノ内
375
八次
432
旭堤（浅野堤）P179
三次
芸備線
ハイヅカ湖
三次
神杉
三良坂
矢谷古墳 P51
塩町
備後安田
三次市
尾道自動車道
浄楽寺・七ツ塚古墳群 P27
吉舎
糸井大塚古墳 P62
福塩線
上川立
三玉大塚古墳 P26
梶田
184
頭士山
375
N
0
10km

備南エリア
二子塚古墳 P58
窪田次郎生家跡 P124・127
砂堰の石柱 P179
亀山弥生式遺跡 P51
堂々川砂留群 P175・179
廉塾ならびに菅茶山旧宅 P113
神辺本陣 P115
鞆 P32
鞆北雁木 P126
太田家住宅 P115
旧枡屋清右衛門宅・旧魚屋萬蔵宅・いろは丸展示館 P126
対潮楼 P105
大可島城跡 P77
鞆大波止、西波止 P178
草深の唐樋門 P103
万能倉
道上
神辺
近田
福山東
大門
福山
備後赤坂
福山市
芦田川
仙酔島
田島
走島
宇治島
福山中心部拡大図
0 500m
福塩線
阿部正方墓域 P127
備後護国神社（赤門） P121
福山八幡宮
福山城跡小丸山 P127
福山城跡 P99
水野勝成墓 P103
阿部正弘之像 P118
山陽新幹線
備後本庄
山陽本線
福山
広島県立歴史博物館（草戸千軒町遺跡出土品） P93
平櫛田中作「五浦釣人」 P159
福山市戦災死没者慰霊碑 P159
ばら公園 P159
明王院 P76
草戸千軒町遺跡 P92
二上がりおどり P169
芦田川

上下の町並み P33
尾市第一号古墳 P62
上下
岳山
尾道自動車道
184
黒川明神山
神殿入り P169
世羅町
備後三川
旧芦品郡役所庁舎 P139
福塩線
府中市
今高野山 P77
河佐
芦田湖
432
府中
久井稲荷神社の御当 P77
宇根山
新市
久井の牛市(跡) P110
ベッチャー祭り P169
486
本庄重政墓 P103
御調八幡宮(男神坐像) P77
尾道北
尾道市
三原神明市 P115
西国寺 P129
山陽自動車道
尾道
福山西
三原久井
新尾道
松永
三原市
広島空港
本郷
三原城跡 P102
山陽新幹線
東尾道
2
米山寺
(宝篋印塔・小早川隆景像) P74·91
本郷
三原
糸崎
山陽本線
尾道
尾道大橋出入口
沼田川
筆影山
向島
百島
呉線
因島大橋
横島
佐木島
西瀬戸尾道
因島北
安芸幸崎
能地春祭りのふとんだんじり P169
高根島
因島
旧大浜埼灯台
通航潮流信号所施設 P138
生口島北
生口島
光明坊十三重塔 P77
生口島南
爽籟軒茶室・爽籟軒庭園 P115
浄土寺 P90
浄土寺露滴庵 P129
太田貝塚 P50
N
0
10km

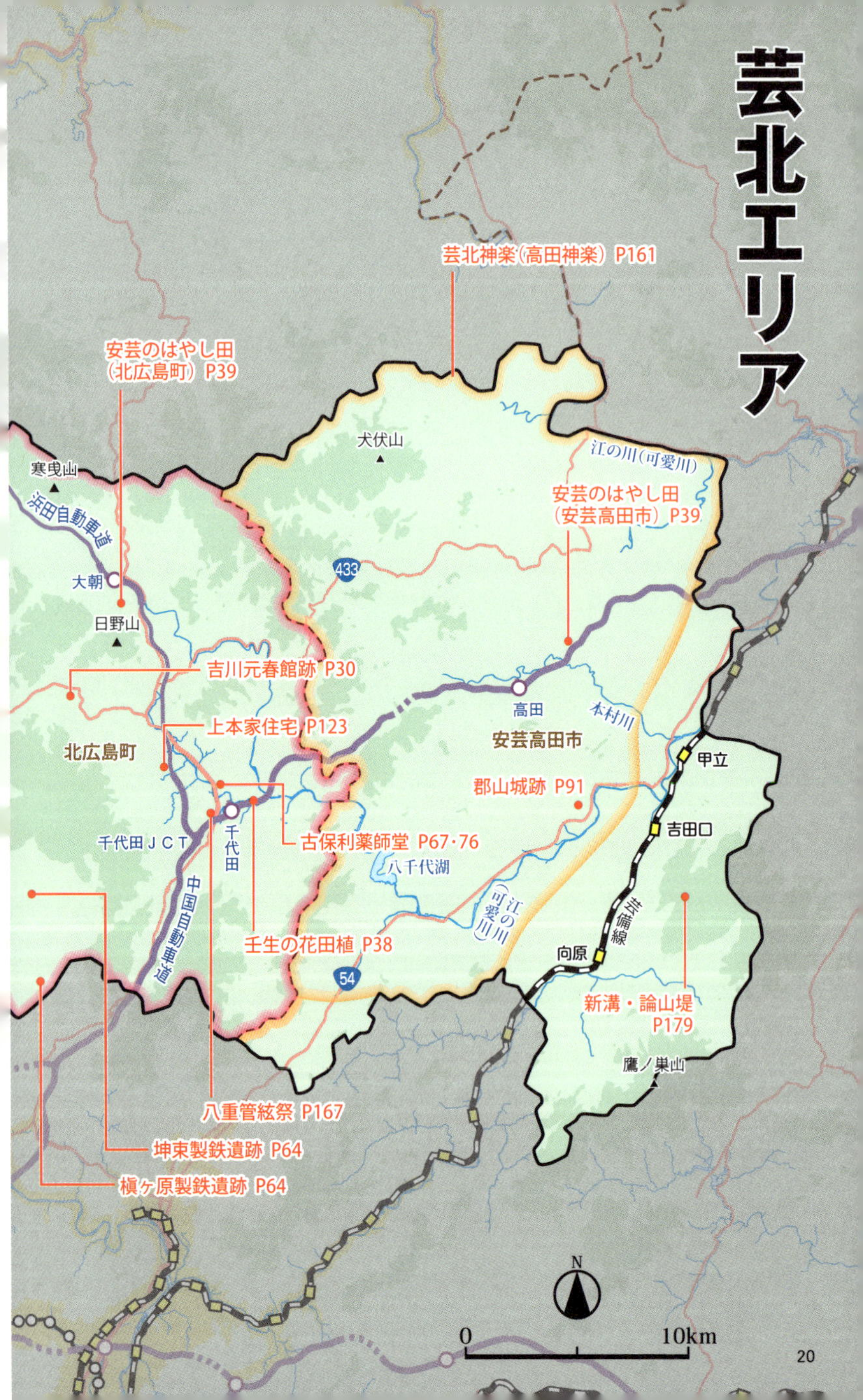
芸北エリア
芸北神楽（高田神楽）P161
安芸のはやし田
（北広島町）P39
犬伏山
寒曳山
浜田自動車道
江の川（可愛川）
安芸のはやし田
（安芸高田市）P39
433
大朝
日野山
吉川元春館跡 P30
高田
本村川
上本家住宅 P123
北広島町
安芸高田市
甲立
郡山城跡 P91
吉田口
千代田
千代田ＪＣＴ
古保利薬師堂 P67・76
八千代湖
中国自動車道
江の川（可愛川）
芸備線
壬生の花田植 P38
向原
54
新溝・論山堤
P179
鷹ノ巣山
八重管絃祭 P167
坤束製鉄遺跡 P64
槙ヶ原製鉄遺跡 P64
N
0
10km

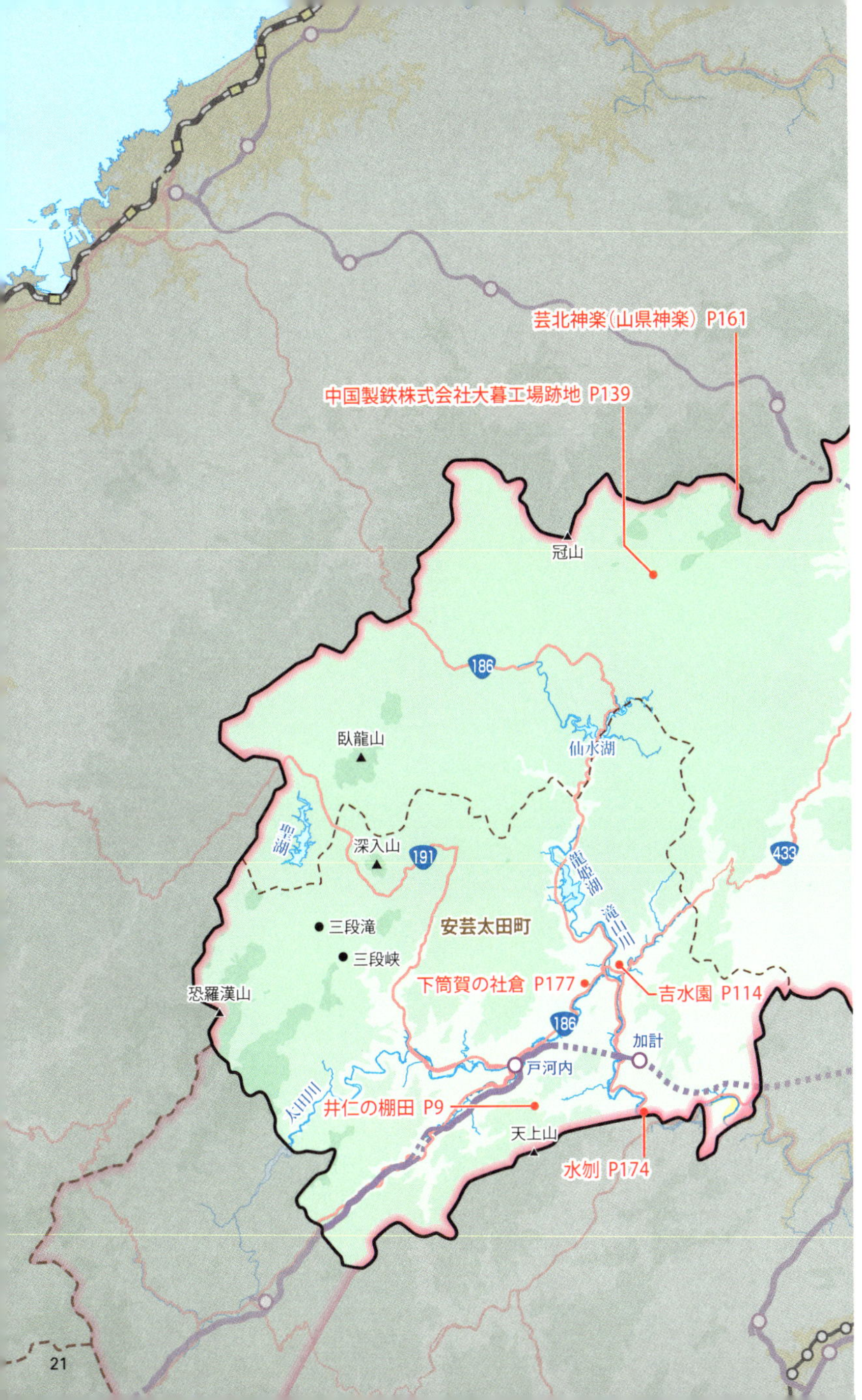

芸北神楽（山県神楽）P161
中国製鉄株式会社大暮工場跡地 P139
冠山
186
仙水湖
臥龍山
聖湖
深入山
191
龍姫湖
433
滝山川
三段滝
安芸太田町
三段峡
下筒賀の社倉 P177
吉水園 P114
恐羅漢山
186
加計
戸河内
太田川
井仁の棚田 P9
天上山
水梘 P174

芸南エリア
八条原城 P127
菖蒲前の墓 P79
安芸国分寺跡 P63
西条酒蔵群 P33
御薗宇城跡 P77・82
三ッ城古墳 P55
鏡山城跡 P91
吾妻子の滝 P79
竹原の町並み P33
官立綿糸紡績工場跡 P139
本庄水源地堰堤水道施設 P149
陸軍造兵廠忠海製造所跡 P149
ホフマン式煉瓦窯跡（吉名煉瓦跡）P139
武智丸 P159
旧金子家住宅 P121・127
若胡子屋跡 P107
朝鮮通信使宿館跡 P104
阿賀のお漕ぎ船 P168
海軍技手養成所跡 P149
東広島市
竹原市
呉市
大崎上島町
山陽自動車道
山陽本線
山陽新幹線
芸備線
呉線
白木山
板鍋山
野呂山
大芝島
大崎上島
来島
下蒲刈島
上蒲刈島
豊島
大崎下島
呉中心部拡大図
両城地区の階段住宅 P147
供養地蔵菩薩 P159
呉市海事歴史科学館（大和ミュージアム）P148
旧呉鎮守府司令長官官舎 P34
旧呉鎮守府庁舎 P35
歴史の見える丘 P35
0 500m

西願寺山墳墓群・梨ヶ谷遺跡 P49
下岡田官衙遺跡 P60
不動院 P91
銀山城跡 P90
阿刀神楽 P162
冠遺跡群 P50
日渉園跡 P115
広島綿糸紡績会社跡 P132
宮尾城跡 P88
江波の漕ぎ伝馬 P168
千田貞暁像 P137
厳島神社 P28･70･71･91･164
大願寺 P127
旧広島陸軍
糧秣支廠建物 P149
紅葉谷川庭園砂防施設 P178
宇品港旧軍用桟橋跡
P136
亀居城跡 P102
広島湾要塞
三高山堡塁砲台 P149
苦の坂(長州の役戦跡) P119
福島堤防と小林三角和久 P179
旧広島陸軍
被服支廠倉庫施設 P148
坂町自然災害伝承公園 P177
十方山
竜神湖
冠山
吉和
中国自動車道
広島自動車道
安佐北区
可部
玖村
大町
アストラムライン
安佐南区
佐伯区
沼田
広域公園前
可部線
広島
東区
西区
中区
府中町
廿日市市
羅漢山
宮島
廿日市
五日市
山陽本線
広電宮島線
南区
向洋
坂南
坂町
小屋浦
宮島口
大野
厳島(宮島)
大竹市
玖波
大竹
江田島
江田島市
能美島
大黒神島
倉橋島
0 10km
N
広島中心部拡大図
横川
可部線
白島
新白島
東照宮唐門および
翼廊 P103
楠木の雁木 P97
アストラムライン
城北
二葉山
國前寺
P103
広島城跡
(広島大本営跡)
P95･141･149
白島
山陽本線
圓鍔勝三作「朝」
P159
十日市町
紙屋町西
県庁前
広島
山陽新幹線
原爆ドーム
P36
広電本線
的場町
猿猴橋 P139
平和記念公園
P37･153
本通
八丁堀
世界平和記念聖堂 P158
縮景園 P103
猿猴川
平和記念資料館
P153･158
頼山陽史跡資料館
(「梅颸日記」) P117
京橋川
植田艮背之墓
(多聞院) P115
比治山公園
平和大橋 P156
鷹野橋
本川
元安川
南区役所前
広島大学医学資料館
(身幹儀) P114
0 500m

文化財で見る　日本史のなかの広島県

西日本屈指の洞窟・岩陰遺跡群

帝釈峡遺跡群

庄原市と神石高原町にまたがる帝釈峡は、行楽シーズンには観光客でにぎわう名所であると同時に、考古学の格好のフィールドである。洞窟・岩陰に積もった、石灰岩の影響を受けた特徴的な土の中に、人・動物・魚の骨、貝殻など、通常は残りにくい物質も豊富に保存されていた。縄文時代の山地の環境と生活がありありと想像できるようだ。（村田）

点々と口を開ける洞窟・岩陰

帝釈峡遺跡群とは、中国山地の石灰岩地帯、高梁川の最上流域に点々と分布する、天然の岩陰・洞窟を利用した遺跡群の総称。約20キロ四方の範囲に、縄文時代を中心とした50余りもの遺跡が知られる。写真は帝釈観音堂洞窟遺跡（広島大学文学部考古学研究室提供、見開きすべて）。

帝釈弘法滝洞窟遺跡の調査風景

1962年(昭和37)に馬渡岩陰遺跡で最初の発掘調査が行われて以降、50年を超える調査の成果が蓄積している。

豊松堂面洞窟遺跡の埋葬された縄文人

いくつかの遺跡では人骨が出土した。一家族程度から、数十人分が集骨されたものまで、さまざまな弔い方がみられた。

広い交流網を示すアワビ製品

海浜部など遠隔地からの搬入品も多く、縄文人の交流網の広さがうかがえる。豊松堂面洞窟遺跡出土(広島大学文学部考古学研究室所蔵、右も同)。

広島県内最古の土器

縄文時代草創期の土器。バケツに似たシンプルな形で、文様はみられない。帝釈馬渡岩陰遺跡出土。

総数約四〇〇〇基の古墳密集地帯
県北三次盆地の古墳群

広島県の山間部に、霧で有名な三次盆地がある。全国屈指の古墳密集地帯として知られているが、なぜこれほど集中したのだろうか。

中期以降の古墳増加、多数の帆立貝形古墳と初期群集墳、副葬品の軍事色、ヤマト政権とのつながり、朝鮮半島系の資料など、いくつか手がかりは示されてきたが、定説はまだえられていない。（村田）

帆立貝形古墳と短甲

墳長約41メートルの三玉大塚古墳（下）県指定を含む、中期大型古墳のいくつかから短甲（右）が出土した。これは畿内のヤマト政権から与えられた武装と考えられる。県内の短甲は太田川下流域と三次盆地の周辺に多くみられ、地域とヤマト政権の軍事的つながりが想像される（下：広島県教育委員会撮影、右：東京国立博物館所蔵 Image:TNM Image Archives）。

浄楽寺・七ツ塚古墳群の近景

横穴式石室の流行よりも古い、中期から後期前半を中心とした初期群集墳で、裾が接するほど古墳同士の距離が近い。三次盆地にはこのような群れ集まる古墳群があちこちに分布する。全国でも数多い帆立貝形古墳とともに、当地域の古墳の特色である(広島県立歴史民俗資料館提供)。国史

四拾貫小原第一号古墳の副葬品

刀、剣、鏃など鉄製武器が多く、軍事色がうかがえる。全国各地の初期群集墳の成立に、軍団の整備や渡来人が大きく関わるとの説があるが、三次盆地にも武器のほか短甲や朝鮮半島系資料が分布し、説には一考の価値がある(筆者撮影、広島大学文学部考古学研究室所蔵)。

海に浮かぶ美の宝庫 厳島神社と原始林弥山が織りなす世界遺産

厳島神社は、広島湾に浮かぶ厳島（宮島）に鎮座する古社である。一二世紀前半（平安時代末期）、平清盛をはじめとする平家一門から篤い信仰を寄せられ、壮麗な海上社殿群が整えられた。

平家滅亡後も、厳島神社は、海上鎮護の神として瀬戸内海に生きる人々の崇敬を集め、今も多くの参詣者でにぎわうとともに、『平家納経』や管絃祭をはじめとする有形無形の貴重な文化財を伝えている。（白井）

『平家納経』「菩薩本事品第二十三」見返し

『平家納経』は厳島神社が所蔵する国宝の一つである。1160年代中頃（平安時代末期）、平清盛の発願により、平家一門がその繁栄を願って奉納した装飾経で、絢爛豪華な装飾が施されている（厳島神社所蔵、奈良国立博物館提供）。国宝

厳島神社祓殿と高舞台

厳島神社の社殿群は、本殿をはじめとする主要建物群と、建物群を結ぶ廻廊、その他の建物で構成される。桁行八間の大きな本社本殿の前面には幣殿・拝殿・祓殿が連なり、これら本社社殿群の海側に平舞台と高舞台その他の設備を配している。社殿群は国宝や重要文化財に指定されている(広島県観光連盟提供、厳島神社許諾)。国宝 重文

弥山と厳島神社大鳥居、社殿群

厳島神社の海上社殿群と周囲の豊かな自然が織りなす美観は、日本を代表する景観の一つである。1996年(平成８)、厳島神社の社殿群と背後の瀰山原始林(国天然)が世界文化遺産に登録された。国天

厳島

広島湾に浮かぶ厳島は周囲28.9キロ、標高535メートルの弥山を最高峰とする島である。古くから神聖な島として認識され、天然記念物「瀰山原始林」をはじめ貴重な自然が保護されている。瀬戸内航路の要衝でもあり、東西から寄港する船でにぎわった。全島が特別史跡・特別名勝に指定されている(廿日市市観光課提供)。特史 特名

猛将吉川元春の隠居所 壮大な石垣と庭園が彩る吉川元春館跡

一五八三年(天正十一)、羽柴(豊臣)秀吉と毛利氏が講和した後、秀吉の傘下に入るのを潔しとしなかった吉川元春が、嫡男の元長に家督を譲り日山城の南西麓(北広島町)に築いたものである。

元春は館での居住期間二年ほどの一五八六年、しぶしぶ出陣した九州征伐の陣中に没した。遺体は三男の経言(のちの広家)が護送し、館の西にあった海応寺に葬られた。

(吉野)

吉川元春館跡庭園

南を正面とする庭園跡である。池の背後に築山を配し、滝石組と三尊石を立てる。南側にあったと推測される会所にともなう庭とされる(北広島町教育委員会提供、見開きすべて)。国史 国名

吉川元春館跡正面石垣

館跡の東面を飾る大石垣である。高さ約3.5メートルの石垣が約70メートルにわたって築かれる。南寄りに幅7.1メートルの表門が開き、その南、石垣のとぎれたところに通用門があったようである。

吉川元春館跡出土品

館跡からは土器・陶磁器のほかにも多くの木製品が出土している。なかでも氷砂糖容器の蓋(左)や「蠅打たんがためにこれを造るものなり」と記された蠅叩き(右)は当時の生活をしのばせるものである。

文化財で見る　日本史のなかの広島県

広島の文化を育んだ瀬戸内の港町と内陸の宿場町

縄文時代以来、瀬戸内海には多くの船が行き交い、鞆、尾道、御手洗、宮島をはじめとする港が各地で発達した。また、塩や備後表などの特産品も盛んに生産され、竹原などの集散地が繁栄した。

内陸部では畿内と九州を結ぶ山陽道や西国街道、出雲往還や石見往還などの陰陽連絡路、太田川、江の川や芦田川などの河川交通網が整備され、江戸時代

鞆遠景

鞆は万葉の昔から潮待ちの港として栄えた。風光明媚な景観でも知られ、「日東第一形勝」と称賛されている（福山市提供）。

三次の遠景

三次は可愛川（江の川）、馬洗川および西城川が合流する交通の要衝であり、鉄など中国山地の産品の集散地であった（三次観光推進機構提供）。

には往還上の要衝に宿、在郷町が発展した。（白井）

竹原の町並み

竹原は、近世から近代にかけて、入浜式塩田による製塩業で栄え、竹原市竹原地区伝統的建造物群保存地区には、旧吉井家住宅、旧松坂家住宅など、当時の繁栄を物語る文化財が残されている（竹原市観光協会提供）。

上下の町並み（府中市）

上下は尾道や笠岡と大森銀山を結ぶ石見往還の要衝で、幕府領であった。地域の物流と金融の中心として栄え、その様子は、旧田辺邸など、現在も残る伝統的建造物からうかがうことができる（広島県観光連盟提供）。

西条酒蔵群（東広島市）

西条は西国街道の宿場町で、明治時代からは日本有数の銘醸造地として知られている。西条酒蔵群は全国屈指の酒蔵群で、赤瓦、白壁となまこ壁が美しい町並みをつくりだしている（広島県観光連盟提供）。国史

文化財で見る　日本史のなかの広島県

東洋一の軍港と謳われた海軍のまち「呉」

周囲を山と島に囲まれた呉湾一帯では、一八八九年(明治二十二)の呉鎮守府の開庁を契機に、東洋一と呼ばれるほどの設備を誇った呉海軍工廠をはじめとする軍需施設や、そこで働く人たちのための都市基盤が整備された。それまでの農業と漁業を中心とした呉浦の様相は、日本の近代化を象徴する軍港都市、重工業中心の産業構造へと変貌し、碁盤目状の街路に象徴される呉の都市景観が形づくられた。（荒平）

旧呉鎮守府司令長官官舎（呉市入船山記念館）

1905年(明治38)に竣工した２代目の長官官舎。木造平屋建て寄棟造りで、ハーフティンバー様式の洋館と和館を接合している。海軍の遺産であり、明治時代末期の木造洋風建築の貴重な事例である(呉市提供、見開きすべて)。重文

旧呉鎮守府庁舎（海上自衛隊呉地方総監部第一庁舎）

1907年（明治40）、呉湾を望む高台に建てられた２代目庁舎。地上２階、地下１階、レンガと御影石で造られ、中央正面に御影石の車寄せと玄関、屋上にはドームを配している。呉を代表するレンガ建築の一つである。

灰ヶ峰から呉湾の眺望

画面奥に江田島、倉橋島などの島嶼、画面左に半島状に突き出した休山が見える。画面中央、呉湾沿岸の大部分は呉海軍工廠をはじめとする旧海軍用地が占め、市街地はわずかな平地と山麓斜面に広がる。

歴史の見える丘から望む呉湾

旧呉海軍工廠のドックを中心にさまざまな設備が整備されている。戦艦大和をはじめとする艦艇を建造した海軍工廠の施設と技術遺産は、戦後、民間に引き継がれ、高度経済成長の基盤となった。

核兵器による破壊の悲惨さを伝える世界遺産 原爆ドーム

一九四五年(昭和二十)八月六日、広島に原子爆弾(原爆)が投下された。原爆が爆発した地点(爆心地)から半径一・二キロ圏内で熱線、放射線や爆風を受けた人はほとんどが即死または数日のうちに死亡し、半径二キロ圏内の建物はほとんど全壊全焼した。年末までの死者は一四万人といわれ、現在も多くの被爆者が放射線による障害に苦しめられている。(白井)

原爆投下前の建物の絵葉書(上)と現在の原爆ドーム(旧広島県産業奨励館)、(南から)

原爆ドームは原爆の惨禍と世界恒久平和の大切さを訴えつづけている建造物である。原爆が爆発したとき、旧広島県産業奨励館は爆心直下で熱線、爆風の直撃を受け、中央のドーム周辺を残してほぼ全壊、全焼した(上:広島県立文書館所蔵)。国史

旧燃料会館（現平和記念公園レストハウス）
爆心地から170メートルに建つ。このレストハウスをはじめ、爆心から２キロ圏内にある６件の建造物が「広島原爆遺跡」に指定されている（広島県観光連盟提供）。国史

原爆ドームと平和記念公園（北から）国名
戦後、市民の間には原爆ドームの解体撤去を望む声もあったが、1960年頃から保存を求める運動が高まりをみせ、1966年に永久保存が決定した。以来、広島市によって被爆当時の状態を保つための取り組みが進められている（広島県観光連盟提供）。

中世以来の風情を伝える壬生の花田植と中国山地の民俗芸能

中国山地や瀬戸内海の豊かな自然に抱かれ、中国四国地方、九州地方や近畿地方など他の地域の人々との交流を重ねることで、広島の人たちは独自の文化を育んできた。

今も、広島県にはユネスコ無形文化遺産「壬生の花田植」をはじめ、管絃祭などの祭礼行事、神楽や風流踊りなどの民俗芸能、盆燈籠などの風俗習慣や鵜飼などの民俗技術など、数多くの民俗文化財が伝承されている。

（中道）

壬生の花田植（北広島町）

広島県域に伝わる田植え行事の一つ。初夏、田の神サンバイを迎えて、飾り立てた花牛による代掻きを行う。その後、囃子方がさまざまな技を見せつつ奏でる囃子に合わせて、着飾った早乙女たちが田植歌を歌いながら早苗を植える、華やかな行事である。ユネスコ無形文化遺産に登録されている（北広島町観光協会提供）。

比婆荒神神楽(庄原市)

庄原市東部に伝わる、荒神信仰による神楽の一つ。土公神や荒神の祭りの後、七座神事、能舞(神能)、五行舞などを行う。神がかりの神事を伝えている点は、全国的にも貴重といわれる(田森自治振興区事務局提供)。

塩原の大山供養田植(庄原市)

広島県北東部に伝わる供養田植の一つ。大山(鳥取県の名峰)信仰のもと、牛馬供養と併せて田植えを行う点に特徴がある。畔で奏でられる囃子に合わせて早乙女たちが苗を植えるなど古式の田植えを伝える(小奴可の里自治振興区事務局提供)。

安芸のはやし田(北広島町、安芸高田市)

広島県北西部に伝わるはやし田の一つ。八調子の囃子に合わせて歌をかけあい、苗を植えていく、といった中世の絵巻物に描かれた田植え景観がそのまま残されている(道の駅あきたかた提供)。

広島県の歴史講義12章

各時代の特色を専門家が執筆。
魅力あふれる広島県の歴史を再発見し、
他地域や世界とのつながりを知る。

天寧寺三重塔越しに見る尾道市街地（尾道観光協会提供）

阿伏兎観音（福山市観光戦略課提供） 重文

鞆の浦の常夜灯（福山市）

1章

多様な環境のなかで暮らした人々

人類はその誕生以来、多様な環境にうまく適応しながら、地域ごとにユニークな活動の痕跡を残した。全国に比べて山地が多く県土が山・川・海で区切られる広島県では、県内における考古資料の地域差がよくわかる。そのピークとなる弥生時代までの遺跡から紹介する。

最初の住民たち

旧石器時代は約二〇〇万年前から始まり、日本列島では約一万六〇〇〇年前まで続いた。県内における人々の活動は、発見された石器の特徴からみて、この旧石器時代でも新しい段階にあたる後期旧石器時代、三万五〇〇〇年前から大きく遡らない時期に始まったと考えられている。県内では今のところ一〇〇カ所超の旧石器時代遺跡が知られているが、のちの時代と比べれば遺跡数は少なく、人口がまだまだ少なかったことが反映されている。

当時の人々の生活スタイルは、小規模の集団で狩猟や食料採集、石器石材の調達をしながら移動を繰り返すことが基本だったようだ。住居跡の発見例がきわめて少ないこと、つまり定住の痕跡に乏しいことが、移動生活を送ったとする根拠の一つだ。全国的にも珍しい旧石器時代の住居跡は、西ガラ遺跡(東広島市)で見つかっており、細い木材を差し込む小さな穴が円形に並んだ遺構が検出されている。木で組んだフレームに、植物や皮を固定したテントのような住居で、床の直径は三・五〜四・五メートル程度が想定されている。長い期間の居住に適した頑強な構造をもたない、ごく簡単なものだったようだ。一方、人々が移動する距離は、島根県隠岐の島産の黒曜石が県内に運ばれ、冠高原(廿日市市)の安山岩が香川県まで運ばれていることからみて、時には一〇〇キロ単位の相当な広範囲に及んだらしい。

陸地だった瀬戸内海

県の南に広がる瀬戸内海は、東西約四四〇キロ、南北一八〜五五キロに及ぶ日本最大の内海である。六〇〇種以上の魚介類が生息する豊かな海で、漁業・養殖業が盛んに行われ、近年はクルーズ船ツアーや海沿いのサイクリングも人気だ。その海底からは、陸生動物であるはずの**ナウマンゾウの化石**が、漁船の網にかかって引き揚げられている。

近年、環境問題のニュースで地球温暖化による海水面上昇が叫ばれているのと反対に、寒冷な時期には地球上の水分が氷河に蓄えられ、海水面が低下することになる。古気候学の成果によると、日本列島が後期旧石器時代の頃、地球は最終氷期と呼ばれる寒冷期のさなかにあり、とくに約二万年前にもっとも寒い時期を迎えたという。海水面は現在より一〇〇メートル以上も低く、現在の瀬戸内海にあたる一帯からは海水が引いて、東西方向に河川が流れる大きな谷地形となっていたと考えられてい

瀬戸内海から引き揚げられたナウマンゾウの化石（広島大学総合博物館所蔵）

る。ナウマンゾウは後期旧石器時代にはまだ絶滅しておらず、その化石が海底から揚がることは、海がかつて陸地だった証拠の一つである。それを追う旧石器人も現在の海底を歩き回っていただろうから、未知の旧石器時代遺跡が、海底に沈んでいる可能性も考えられる。

海の縄文人、山の縄文人

約一万六〇〇〇年前から始まる縄文時代には、県内の遺跡数も三〇〇カ所超に増加する。この頃には、一カ所での長期にわたる生活跡、つまり定住の跡がうかがえるようになる。縄文時代の当初まで寒冷だった気候はやがて温暖に向かい、海面も上昇して、六〇〇〇年前頃には現在の姿に近い瀬戸内海が現れた。縄文人たちは、気候の変化により手に入りやすくなった木の実や山菜、貝など、身の回りのさまざまな自然の恵みを、この時代に発明した縄文土器によって煮込んで食べた。釣り具、網などの道具を作って、漁撈（ぎょろう）にも本格的に挑みはじめ、動物を捕らえるための狩猟も、弓矢を使ったり、落とし穴の罠を掘ったりして、前時代よりは小型になった動物を狙って盛んに行った。

縄文時代には、瀬戸内海の沿岸部に貝殻などが捨てられた貝塚が形成される。アサリにハマグリ、本県が生産量一位のカキも、この頃からすでに好んで食べられていた。後・晩期の比治山貝塚（広島市南区、県史跡）、前～後期の**太田貝塚**（尾道市、県史跡）、後期の洗谷貝塚（福山市）などが代表である。貝塚から実際に見つかるのは人々が食べ終えた貝の殻だけではなく、土器、石器のほか、タイ・スズキなどの魚骨、シカ・イノシシなどの動物骨やそれを加工した生活用具にアクセサリーまでじつにさまざまだ。葬られた人の骨まで発見されることも少なくない。貝殻から染み出す炭酸カルシウムの好影響によって、通常は分解されてしまう脆い遺物まで良い状態で保存される貝塚は、豊富な情報を抱えた遺跡なのである。貝塚出土人骨では一般に山間地域よりも上腕がたくましく発達することが知られるが、これが頻繁な水泳や舟漕ぎの結果と想定されているほか、潜水が原因とされる独特の骨腫も確認されている。貝塚出土品からは、素潜り漁、網漁、魚釣りや貝拾いなど、時には舟も使い、海の幸を求めて身近な磯から沖まで海に繰り出す人々の姿がみえてくる。

山間地域での暮らしについては、**帝釈峡遺跡群**（庄原市、神石高原町ほか、24ページ参照）から知ることができる。中国山地の石灰岩地帯、高梁川の最上流域に点々と分布する、天然の岩陰・洞窟を利用した遺跡群の総称で、一部は旧石器時代に遡るが、中心となるのは縄文時代である。帝釈寄倉岩陰遺跡（国史跡）、帝釈馬渡岩陰遺跡（県史跡）など、五〇余りの遺跡が知られている。岩陰や洞窟を雨除けとし、帝釈名越岩陰遺跡（県史跡）では入り口側や内部に簡単な仕切りを設けた跡も見つかっている。この遺跡群では、縄文土器や石器が層序をなして出土し、その通時的変化を知ることができる。また、石灰岩に含まれる炭酸カルシウムによって、ほかのさまざまな種類の遺物も土の中に保存されていた。「縄文のタイムカプセル」とも呼ばれている。とくに野生生物の骨は多種多様で、シカ・イノシシ・ウサギや、絶滅動物であるオオカミ・カワウソなどの哺乳類、キジ・ワシなどの鳥類、ヘビ・カメなどの爬虫類やカエル、今では特別天然記念物となっているオオサンショウウオなどの両生類、コイ・ナマズ・カワニナ・マシジミなど淡水産の魚類や貝類など、ここにすべては挙げきれない。身の回りの生き物は何でも食べたのだろう。人骨からみた帝釈峡縄文人はたくましく、とくに足が発達していることが指摘されている。森や川に棲むさまざまな生物、木の実や山菜など、さまざまな食料を手に入れるため、険しい山地を動き回っていたことが想像できる。アワビなどの海産貝や隠岐の島産の黒曜石など、遠隔地由来の遺物も出土したことから、時には山地の外にまで出かけることもあったことが推測される。

このように縄文人たちは、多様な自然資源を利用して一万年を超える長い時代を生き抜いた。生活拠点の周囲で手に入る食べ物の差によってライフスタイルに違いが生じていたことがわかり、それは本格的な農耕が始まる弥生時代にも引き継がれていった。

豊かな地域文化

約二九〇〇年前から始まる弥生時代には、朝鮮半島から水田稲作やヒエ・アワなどの畑作を行う知識・技術・道具が体系的にもたらされ、九州北部を窓口に本州・四国にも徐々に広まった。こうした農耕技術は食料事情を安定させて人口増加を助けたと考えられており、県内でも弥生時代には遺跡数が一三〇〇超まで増加する。友松三号遺跡(東広島市)、大宮遺跡(福山市)などの数少ない弥生時代前期の遺跡で、稲穂を摘む石庖丁をはじめとする稲作の道具が出土しており、いくつかの地域では早い段階から稲作が始まったようだ。

続く中期以降には遺跡数も増加し、考古資料に地域ごとの違いが目立つようになってくる。瀬戸内海を控える県南では同じ瀬戸内海沿岸地域との共通点が多く、たとえば福山市では東の岡山県地域と、広島市では山口県や愛媛県など西部瀬戸内地域と似た土器を作った。一方、県北地域では、島根県と近い土器が作られた。当時、各地の集団それぞれが、近い地域の集団と婚姻、交易などをとおして独自の交流網を築いていたことが読み取れる。

地域差は食料を確保するための生業にも生じていた。県南東部の神辺平野や県央部の西条盆地など、県内では広い沖積平野に恵まれ稲作向きだった地域では、石庖丁や木製農具など稲作に関わる資料が比較的よく目立つ。しかしたとえば、海のすぐ近くまで丘陵地が迫り、利用できる平野がわずかな広島湾周辺では、西山貝塚や笹利迫田遺跡(ともに広島市)など後期にも貝塚が形成されつづけ、海産物や動物を中心とした生業・食生活の痕跡が明らかに目立っている。また、県北東部の三次盆地でも、調査された遺跡数に対して稲作に関わる資料の出土数が非常に少ない。油免遺跡(三次市)などで網に付ける錘の土錘・石錘が出土するので、江の川水系の河川を舞台に、複数の漁法を使い分けた川漁が盛んに行われたようだ。

このように、山がちで稲作に適した平野がそもそも限られる広島県では、弥生時代になっても稲作への力のかけ方には地域差があり、生活拠点の環境により適した生業が重視された。他地域との交流に向かう動機の一つには、他地域でしか入手できないものを入手する目的もあったはずだ。

墓にみる有力者の出現

弥生時代の広島県では、多くの人は木棺(もっかん)や石棺(せっかん)などの小さく簡素な墓に葬られた。しかし中期以降、限られたいくつかの地域では大型で複雑な施設を備えた墓が造られはじめる。三次・庄原盆地では、日本海側と共通の、盛土と貼石(はりいし)をともなう四角い墓、方形貼石墓が造られはじめ、中期後半にその四隅が強調された四隅突出型墳丘墓(よすみとっしゅつがたふんきゅうぼ)へと発展した。陣山(じんやま)墳墓群、殿山(とのやま)三八号墓(ともに三次市、前者は国史跡)などが初期の例である。続く後期前半には**佐田谷(さただに)・佐田峠(さただお)墳墓群**(庄原市、国史跡)で墳丘、埋葬施設いずれも大規模な墓が出現する。特定有力者の墓と考えられ、そこでは特別な土器を大量に使った盛大な葬儀が行われた。

また、広島湾周辺では後期後半に、多くの河原石を用いて組み上げた大型の竪穴式石室(たてあなしきせきしつ)をもつ墓が現れた。西願寺山(さいがんじやま)墳墓群(広島市、県史跡)、**梨ケ谷遺跡(なしがたに)**(広島市)が例であり、中国産の鋳造品も含めた大量の鉄器が副葬された。これら有力者の墓は、いずれも稲作が特別に盛んだったとは考えられない地域に存在し、稲作による集落拡大と、それを理由とした縄張り争いの勝利や和睦(わぼく)の調停に貢献した人物という型通りのイメージは、葬られた人物像としてしっくりこない。一方、これらの墓、または拠点と目される集落・地域では、鉄やガラスなど当時としては希少な外来品が多く出土する傾向にある点は興味深い。外の社会との交易に手腕を発揮して威信を高めた人物の墓とも考えられるだろう。

（村田）

佐田谷・佐田峠墳墓群（佐田谷３号墓）での葬儀に使われた大型土器（左は高さ約55センチ。広島県教育委員会所蔵、庄原市教育委員会提供）

梨ヶ谷遺跡Ｂ地点２号墓（広島市文化財団文化財課提供）

冠遺跡群（かんむりいせきぐん）

後期旧石器石材の大規模原産地

↓P23

中国山地西部の小盆地、冠高原内に位置する。石器石材の一つ、安山岩の原産地遺跡。石器はどのような石でも作れるわけではなく、適した石材が選ばれて利用されたため、良い石材が豊富に採れる原産地は重要だった。当遺跡に訪れた旧石器人たちは、石器作りの痕跡を多く残した。分割された石どうしが接合して一〇〇キロ超の塊になった事例は、大きな石材がどのような工程を経て石器になっていったのかを知るよい資料である。

旧石器のセットや製作技術の変遷が層位的に確認できる点でも大きな学術的意義をもつ。

冠遺跡群出土 一〇八キロ接合資料（広島県教育事業団撮影、広島県立埋蔵文化財センター提供）

DATA
廿日市市吉和

太田貝塚（おおたかいづか）

県南東部の代表的な縄文貝塚

↓P19

松永湾（まつなが）に面する微高地に位置する縄文時代の貝塚。縄文時代前期から後期を中心とする土器・石鏃（せきぞく）・石錘（せきすい）のほか、ハイガイ・マガキ・アサリといった海産貝類、獣骨など多くの遺物が発見された生活跡であるとともに、七〇体を超える縄文人骨を出土した墓地としても著名である。

人骨の健康状態の研究が進んでおり、壮年期以降の男性人骨には、潜水漁を行う海人特有の骨腫が高頻度でみられることが指摘されている。漁撈（ぎょろう）や狩猟を中心とした生活を送った、海浜部の縄文人たちが残した遺跡である。

尾道市教育委員会提供

DATA
県指定（史跡） 尾道市高須町

亀山弥生式遺跡

平野を見張る丘の上の環濠集落

→P18

県南東部、神辺平野内の眺望良好な独立丘陵上に立地する、弥生時代を中心とした複合遺跡。丘陵上方から斜面部にかけて三条の環濠が巡る様子が確認された。環濠は出土した大量の土器から弥生時代前期の間に機能したことがわかっており、その幅は広い所で四メートル以上、深さは最深部で二メートルに達し、延長はもっとも外側の環濠で推定四〇〇メートル超と非常に大規模である。

簡単に横断されないよう断面V字形に環濠を掘り、高低差を出すため土塁をあわせて築くなど、外敵の侵入を阻む工夫も随所にうかがえる。

広島県教育事業団撮影、広島県立埋蔵文化財センター提供

DATA
県指定（史跡） 福山市神辺町

広島県矢谷古墳出土品

逸品の土器が有力者の葬儀を彩る

→P17

弥生時代後期末に築かれた三次盆地最後の四隅突出型墳丘墓、矢谷墳丘墓（指定名称「矢谷古墳」）で土器、鉄器、玉類が出土した。とくに大量の土器は、墓で執り行われた葬儀の盛大さを物語る。当地では一般的な山陰系土器群とともに、「特殊器台」「特殊壺」と呼ばれる赤茶色の土器がひときわ目立つ。吉備で独自に発達した祭祀土器であり、弔問を通じた吉備の有力者層との交流を示す重要遺物である。大型ながら薄手であることに加え、幾何学的な線刻、透かし孔など装飾も複雑多彩で、熟練の製作技術を感じられる。

特殊器台（下・高さ約1メートル）に載る特殊壺（広島県立歴史民俗資料館所蔵）

DATA
重文 三次市

コラム

もっと知りたい！深掘り広島県史 ❶

広島県の四隅突出型墳丘墓とその盛衰

四隅突出型墳丘墓とは

日本列島各地に残る古墳のことは誰もが知っている。土を盛り上げて築いた「墳丘墓」と呼ばれる墓の代表格だが、墳丘墓自体の出現は古墳時代より前の弥生時代に遡り、「弥生墳丘墓」として古墳とは区別される。弥生時代中期以降に数を増すが、その形は古墳のように全国的に統一されたものではなく、地域や遺跡ごとに多様だった。

広島県北部にも「四隅突出型墳丘墓」と呼ばれる弥生墳丘墓が分布する。名のとおり、上から見たときに、四角形の四隅が外に突き出した独特な形のものだ。中国地方山間部と本州西部日本海側を中心に、弥生墳丘墓としては広い範囲に築かれた。突出部については諸説があるが、四角い墓の隅部にもともと置かれていた石材が、なんらかの理由で強調されたことで突出部となり、その後、普及していく過程で墓上に登る道としての機能が備わったものとまとめることができる。

出現と有力者の墓への変貌

四隅突出型墳丘墓のうち最古級となる中期後葉のものは、広島県北東部の三次盆地周辺に集中しており、そのほかの地域では今のところ、その可能性のある例が一つ指摘されているにすぎない。そのため、三次盆地をこの墳丘墓の発生地と考える人は多い。陣山墳墓群、殿山三八号墓（ともに三次市、前者は国史跡）、佐田峠三・四号墓（庄原市、国史跡）など、初期の四隅突出型墳丘墓は隅の突出度が弱い。特別に大きな墓坑（墓穴）や豪華な副葬品は備わっておらず、盛土と石材によって墳丘の内と外を区画する以外は、普通の墓とあまり差がない。墳丘裾部や墳丘上に少量の土器が供えられたが、なかでも脚台と注ぎ口の付いた大型の鉢は、墓地や、集落の外れで行う祭祀のために特注された、当地域を代表する装飾土器である。

発生からしばらくたち、四隅突出型墳丘墓は、さながら古墳のような有力者のための墓へと姿を変える。後期初め頃に築かれた佐田谷一号墓(庄原市、国史跡)では、墳丘中央の大型墓坑を取り巻くようにそのほかの墓坑が配置され、中央に眠る人物が墓の主であることが明示された。大量に出土した土器からは、墓上で大規模な葬儀が行われ、多くの参列者があったことが想像される。そのなかに、中期までの三次盆地では出土例が少なかった現岡山県域で出土するのと類似した土器が数多く含まれていたことは特筆される。墓の主が生前、同方面との強い関わりのなかで権威を高めた人物だったことを暗示するかのようだ。

陣山墳墓群(三次市教育委員会提供)国史

流行の終焉

後期に入ると四隅突出型墳丘墓はその分布を三次盆地の外へと広げ、後期後半以降には山陰や北陸で盛んに造られた。この頃には墳丘も土器祭祀の痕跡も大規模なものが増え、隅の突出度も強くなる。「出雲王墓」とも称される西谷墳墓群(出雲市、国史跡)などが有名である。

一方の三次盆地では、なぜかこの頃には四隅突出型墳丘墓の築造数が急減する。佐田谷墳墓群では先述した一号墓の後も、二号墓、三号墓と後期前葉まで大型墳丘墓の築造が続くが、その形は四隅突出型ではなかった。盆地全体を合わせても、後期後半から末頃に岩脇二号墓、矢谷墳丘墓(ともに三次市、後者は国史跡)が築かれたにすぎず、もはや流行の中心地ではなくなっていた。

(村田)

三次盆地の装飾土器(矢原遺跡出土。三次市教育委員会所蔵、広島県立歴史民俗資料館提供)

2章 国づくりの始まりと広島県の遺跡

日本という国ははじめからあったわけではない。それが形づくられるまでに、多様な価値観をもつ各地の社会を貫きまとめる、新たな制度が模索されつづけた。古墳時代から奈良時代にかけて、国づくりが始まった頃の遺跡からその形跡をたどる。

広まった古墳文化

三世紀中頃から六世紀終わり頃まで長期間続いた古墳時代には、古墳が日本列島の広い範囲で盛んに築かれた。各地で、前方後円墳、前方後方墳、円墳、方墳などが築造された。決められた規格の墳丘を築くことで、古墳を造った勢力と被葬者との間に政治的な関係が示されたと考えられている。奈良や大阪、岡山など各地域の巨大古墳が前方後円墳であるように、前方後円墳という形を頂点とする被葬者の身分表示が盛り込まれたようだ。そしてその中心には畿内(きない)を拠点としたヤマト政権(せいけん)があった。伝統的な地域の枠を超えた統一的な身分表示システムは、弥生時代にはまだなかった。こうして、日本という国がのちにできていくための枠組みが生まれたのである。

広島県にも古墳づくりは波及し、これまで墳丘墓のなかった地域にも古墳が築かれるようになった。

広島県最大級の前方後円墳、三ッ城古墳（井手三千男撮影、東広島市教育委員会提供） 国史

県内の前方後円墳にもやはり大型の事例が目立ち、基本的には地域で最有力者の墓として造られる。古墳時代でも古い時期(前期)には辰の口古墳(神石高原町、約七七メートル、県史跡)、大迫山第一号古墳(庄原市、約四六メートル、県史跡)、続く中期には甲立古墳(安芸高田市、約七七メートル、国史跡)、**三ッ城古墳**(東広島市、約九二メートル、国史跡)、新しい時期(後期)には二子塚古墳(福山市、約六八メートル、国史跡)などの事例がある。前方後円墳に次いで大きさが目立つのは円墳、とくに中期の事例で、糸井大塚古墳(三次市、造出部を含め約六五メートル、県史跡)、松本古墳(福山市、造出部を含め約七六メートル、県史跡)など、地域最大の古墳となる場合もある。

広島県の古墳は、大きくても一〇〇メート

ル級に達するかどうかという規模にとどまり、全国基準でいえば大型古墳とはいえない。一方、県内に一万一〇〇〇基超の古墳が知られており、これは全国でも六番目の多さとなる。古墳の一つ一つはどちらかといえば小さめでも、築造数では上位にランクインするのが広島県の特徴である。

古墳が密集する内陸の要衝

県内でもとくにユニークな地域の一つが、県北東部の三次盆地である。盆地を中心とした三次市域では、約四〇〇〇基もの古墳が知られている。山間部の一盆地に、全国で確認されている古墳約一六万基のうち、四〇〇分の一近くもの数が集中しているのである。特徴的なものに、浄楽寺・七ツ塚古墳群(一七六基、国史跡)、四拾貫古墳群(約一四〇基)などの、いわゆる初期群集墳がある。馬洗川流域を中心とした低丘陵のそこかしこに古墳群が展開し、時には古墳の裾どうしが接するほど寄り集まっている。円形基調の古墳が主流で、多くは古墳時代中期以降に築かれた。これらの存在が、約四〇〇〇基という古墳の数につながっている。なお、この地域では大きな古墳は、浄楽寺第一二号古墳(約四五メートル、国史跡)などの円墳や、**糸井大塚古墳**(約六五メートル、県史跡)、三玉大塚古墳(約四一メートル、県史跡)などの帆立貝形古墳であり、前方後円墳ではない。帆立貝形古墳に関しては全国的にも多い地域と考えられている。

三次盆地では、古墳が増加する中期頃の遺跡から、畿内のヤマト政権から配られた甲冑(短甲)や、朝鮮半島に由来する考古資料が県内でもとくに多く出土する。畿内や朝鮮半島を含む他地域から人々が訪れては、時に住み着いたりする土地としてにぎわったのではないかと想像される。海上交通の動脈である瀬戸内海・日本海の両方から約六〇キロも離れた内陸部の当地域に古墳が密集し、かつ他地域由来の資料が多く分布することは、やや特異な現象に映るかもしれない。だが、盆地として中国地方第二の規模を誇る三次盆地は、山間部では希少な開けた土地である。内陸交通上の重要性から注目されることになったとしても不自然ではない。この地域がヤマト政権から関与を受けたことは、考古資料から強く推測できる。古墳の増加には、そのような背景をもった人口流入も反映されているのではないだろうか。

古代備後国の最重要地域

福山市域、県南東部を流れる芦田川の中流部左岸域に広がる神辺平野とその周辺は、古墳時代後期、終末期（飛鳥時代）の横穴式石室または横口式石槨を備えた古墳が数多く分布することで有名だ。全国的な傾向として、後期の有力古墳では、墳丘の大型化は落ち着きをみせ、代わりに大きな石材を用いたり、大きく造った横穴式石室によって被葬者の実力が示されるようになる。

この地域でも、六世紀末から七世紀初め頃に造営された**二子塚古墳**（約六八メートル、国史跡）は、後円部・前方部のそれぞれに長さ一〇メートルを優に超える大型横穴式石室を備えている。豊富な副葬品をもつ地域で最後に築かれた大型前方後円墳でもあり、畿内とつながりの深い国造級の有力者の墓と考える人もいる。迫山第一号古墳（墳径約一九メートル、県史跡）も、墳丘は小さいが、長さ一〇メ

二子塚古墳の横穴式石室（福山市提供） 国史

ートルを超す横穴式石室とともに、装飾付(そうしょくつき)大刀(たち)を筆頭とした豊富な副葬品をもっていた。いずれの古墳も石室の構築には相当の労働力が注がれたことだろう。

　飛鳥時代に入り、七世紀初め頃までに大型前方後円墳の築造は各地でとだえていくが、古墳の築造はしばらくの間続く。この時期の終末期古墳は、県内でも神辺平野周辺にとくに多く、大坊(だいぼう)古墳（石室長約一一メートル、県史跡）、大佐山白塚(おおさやましらつか)古墳（石室長約八メートル、県史跡）、大迫(おおさこ)古墳（石室長約一二メートル、県史跡）など、切石を用いた美しく整った大型横穴式石室墳が、おおむね七世紀前半から中頃にかけて築造される。

　神辺平野周辺は、横口式石槨が地方としては多く分布することでも古くから注目を集めてきた。横口式石槨は、政治的中枢である畿内周辺の上位階層墓に多くみられ、地方では少ないためである。七世紀後半の猪ノ子(いのこ)古墳（県史跡）、**尾市(おいち)第一号古墳**、曽根田白塚(そねだしらつか)古墳（県史跡）のほか、七世紀前半から中頃の北塚(きたづか)古墳（県史跡）が挙げられる。このうち尾市第一号古墳は八角形、猪ノ子古墳は推定多角形の古墳であることが近年の調査で示された。多角形墳も、天皇陵など上位階層墓に多い、終末期独特の墳形である。これらのことから両古墳の被葬者には、ヤマト政権と強い結びつきをもつ高位の人物が考えられている。

大型横穴式石室墳や横口式石槨墳づくりの活況には、県内だけでなく、吉備の広い範囲と比較しても目を見張るものがある。周辺には防衛拠点である古代山城の茨城・常城が築かれ、のちの時代にも備後国分寺(福山市)や備後国府(府中市)といった地域の宗教・政治拠点が置かれた。当時の神辺平野が、古代国家からいかに重要視されたのかが想像できるのではないだろうか。

律令国家による国づくりの跡

七世紀に入ると、中国隋・唐の諸制度を手本とした中央集権的な国づくりが目指され、六四五年の大化改新、七〇一年の大宝律令、その後の養老律令の制定を経て、律令にもとづく統治がすすめられていった。現在でも広島県の西部を安芸、東部を備後と呼ぶことがあるが、これはこの頃に整備された地方行政区分、令制国の名に由来する。中央政府の出先機関として、国府という役所が諸国に置かれ、諸国と都の連絡のために各方面に直線的な幹線道路が敷かれた。現在の広島県域には、都と大宰府を結んだ大路、山陽道が通っていたことが知られている。また道路沿いには公務旅行者や伝馬の中継拠点としての駅家が、令制国内に複数箇所設置された。

このような律令国家が整備した施設の数々は、広島県域でも実際に見つかっている。府中市では備

発掘調査中の下岡田官衙遺跡（府中町歴史民俗資料館提供）国史

後国府跡（国史跡）と推定される遺構群が確認された。建物に葺かれた国府系瓦のほか、硯や銅印といった文書行政の道具、腰帯具、大量の陶器や貿易陶磁、鋳造関連遺物などの多様な活動を示す遺物によって、一帯が地域の政治・経済的中心だったことがわかる。また同遺跡の鳥居地区では、山陽道から備後国府へと向かう道が分岐する「交差点」が検出されている。**下岡田官衙遺跡**（府中町、国史跡）は、山陽道推定路沿いに位置する。八世紀中頃に設置された瓦葺礎石建物を中心とした遺跡で、安芸国に複数置かれた駅家のうち「安芸駅家」の可能性が高いと考えられている。

仏教文化の受容と普及

飛鳥時代には仏教文化を積極的に受容し、五九六年（推古四）に完成した飛鳥寺（奈良県）を先駆けとして各地で寺院が建立された。広島県では、白鳳期（七世紀後半から八世紀初頭）に寺院建立が本格化した。県西部（安芸）の横見廃寺跡（三原市、国史跡）では法隆寺若草伽藍跡（奈良県）からの出土品と、明官地廃寺（安芸高田市）では同じく山田寺（奈良県）からの出土品と似た瓦がそれぞれ見つかり、大和地方からの強い影響を受けたとも考えられている。県東部（備後）には、安芸と比べて多くの寺院が築かれている。上山手廃寺(三次市)、小山池廃寺(福山市)、本郷平廃寺(尾道市)などが挙げられ、有力氏族による仏教・寺院の導入がより活発だったことがわかる。**寺町廃寺跡**(三次市、国史跡)は、発掘調査で判明した内容から平安時代初期の仏教説話集『日本霊異記』に書かれた「備後三谿寺」と推定されている。三谿郡(三次市南東部)の大領の先祖が白村江の戦い(六六三年)から無事帰還した際に、百済僧の弘済を共に招いてきて建てたという寺で、建立のエピソードを想像できる、興味深い事例となっている。

奈良時代に入ると、疫病の流行や災害、内乱などが多発し、聖武天皇は、仏教への信を深め、国を鎮め守るため、七四一年(天平十三)に国分寺建立の詔を出した。各地に寺院の建立を命じたもので、全国に仏教が広められることになった。広島県でも備後国分寺跡(福山市)、**安芸国分寺跡**(東広島市、国史跡)が発見された。後者では東西約二五五メートルに及ぶ広い境域が確かめられ、金堂、講堂、僧房が南から一直線に並ぶ、東大寺(奈良県)と同じ伽藍(建物)配置であることが判明した。また、都から派遣された国師の事務所跡(国師院)が、全国で初めて確認されている。

(村田)

糸井大塚古墳

広島県北部で最大の造出付円墳

↓P17

直径五六メートル、造出部まで含めた墳長約六五メートルで、三次盆地最大の古墳であると同時に県北最大の造出をもつ円墳である。墳丘の周囲には「周庭帯」と呼ばれる独特の円状地形が観察され、これを古墳と関連する施設と捉えた場合、直径一〇〇メートル超の規模となる。本格的な発掘調査は未実施だが、周辺から出土した埴輪の特徴から、古墳時代中期前半の築造と考えられている。

なお造出付円墳は、真上から見た形から「帆立貝形古墳」とも呼ばれる。三次盆地にはこの形の古墳が非常に多く、地域的特色となっている。

霧の糸井大塚古墳(筆者撮影)

DATA 県指定 三次市糸井町

尾市第一号古墳

日本唯一の十字形横口式石槨墳

↓P19

谷を見下ろす高所に立地する終末期古墳である。地方では珍しい横口式石槨をもち、その平面形は十字に広がる独特のものである。墳丘は対角一〇・六八メートル(三〇尺)に復元される変形八角形であり、水平気味に積んだ盛土を一層ずつ突き固める版築状工法で築かれた、寺院や古代山城とも共通した飛鳥時代らしい特徴がみられる。

横口式石槨や多角形の墳丘は、畿内では天皇陵をも含めた上位階層墓にみられる特徴で、尾市第一号古墳の被葬者も、中央からの派遣高級官人など、高い地位の人物と推測される。

横口式石槨(福山市提供)

DATA 福山市新市町

寺町廃寺跡

『日本霊異記』に登場する寺か

→P17

飛鳥時代白鳳期に創建された寺院で、寺域の東側に塔跡、西側に金堂跡、奥側に講堂跡が位置する法起寺式の伽藍配置である。遺跡の所在地や年代の符号、構造にみる朝鮮系要素などから、『日本霊異記』に登場する「備後三谿寺」に比定される。軒丸瓦の下端に三角形突起をもつ通称「水切り瓦」が多く出土しその中心寺院となっているが、これは出雲や備中でも発見されており、相互に影響があったことがうかがわれる。

北西約一・二キロ離れた場所に大当瓦窯跡があり、そこから瓦が供給されたと考えられている。

三次市教育委員会提供

DATA
国史　三次市向江田町

安芸国分寺跡

七五〇年前後に使われた仏教行事の道具立て

→P22

安芸国分寺は、聖武天皇が国分寺建立の詔を出した奈良時代の七四一年(天平十三)以降、全国に造られた国分寺の一つ。現在は史跡公園として整備されている。推定地の末端の一角で検出された土坑の一つからは、七五〇年(天平勝宝二)の紀年が記された木簡を筆頭に、郡名を記した木簡、「安居」「斎会」の仏教行事を記した墨書土器、調味料や仏法僧への供養品となる焼塩をつくる土器、物指や角筆といった木製品など多様な道具が出土した。これらは創建後間もない国分寺の仏教行事の様子がわかる資料として国重文に指定されている。

安芸国分寺歴史公園(東広島市教育委員会提供)

DATA
国史　東広島市西条町(出土品は東広島市出土文化財管理センター)

コラム

もっと知りたい！ 深掘り広島県史 ②

製鉄遺跡の宝庫、中国地方と広島県

鉄づくりの始まりと吉備

日本列島で鉄が使われはじめた弥生時代、まだ倭人は鉄を一から造り出す技術をもたず、素材鉄を中国や朝鮮半島から輸入して調達した。それをさまざまな道具に加工する技術はだんだんと発達したが、鉄の供給を海外に頼る状況は長く変わらなかった。

六世紀後半（古墳時代後期後半）になり、ついに製鉄が始まった。吉備地方（岡山県と広島県東部）には一〇世紀以前の古い製鉄遺跡が多く知られ、広島県でもカナクロ谷遺跡（世羅町、県史跡）、戸の丸山製鉄遺跡（庄原市）などの調査から、六世紀末にはまず備後で製鉄が始まったことがわかっている。

奈良の都、平城京出土の木簡や『日本三代実録』『延喜式』の史料には、八世紀から一〇世紀に、三上郡（庄原市）・沼隈郡（福山市）といった備後ほか吉備諸国・郡から調として鉄や鍬が送られたとの記述がいくつもある。備後を含む吉備諸国が古代国家の鉄需要を支えていた。

たたら製鉄と中国山地

古代から中世にかけて、中国地方の製鉄はその中心を吉備から出雲・石見（島根県）、安芸（広島県西部）へと移す。安芸の山県郡北広島町内では、古代末から中世の大矢製鉄遺跡（一一世紀）、槇ケ原製鉄遺跡、坤束製鉄遺跡（いずれも一三〜一四世紀頃、県史跡）などが調査されている。町内の製鉄遺跡数は約二〇〇カ所とも推定され、中世には吉川氏の重要な経済基盤ともなったと考えられている。

その後、近世には大規模なたたら製鉄が登場し、砂鉄や燃料に用いる森林も豊富な中国山地は日本有数の鉄産地となった。

伝統的な鉄の製法を簡単に述べると、鉄鉱石や砂鉄など自然界にある原料を、炉内で一二〇〇度超の高温に熱しつづけて溶かすことで、鉄を取り出すというものである。炉内に鉄原料と燃料の炭を投入し、鞴という装置で送風孔から風を絶えず吹き込んで高温を維持した。地面からの湿気を遮断する工夫も加わり、より多く良質の鉄を得るための改良がさまざまに行われた。

たたら製鉄は、砂鉄を原料とし、炉の地下に床釣りと呼ばれる本格的な防湿構造をもち、送風装置である鞴のなかでも大きく能力が高い天秤鞴を用いる製鉄方法である。高殿という上屋を設け、同じ場所で繰り返し操業されたことも特徴の一つだ。たたら製鉄によって、前時代までと比べて鉄の生産量は増えた。造られた鉄は全国へと出荷・流通し、近世以降の社会の発展を支えたと同時に、鉄づくりは関連する雇用を多く生み出し、地域経済にも大きく貢献した。広島県にも、六の原製鉄場跡（庄原市、県史跡）、内堀の神代垣内落鉄穴跡（洗場、庄原市、県史跡）、茂田鉄穴流し跡（三次市、市史跡）などが近世以降の製鉄関連遺跡として残る。

持丸川西たたら跡（庄原市、近世。広島県教育事業団撮影、広島県立埋蔵文化財センター提供）

このように、中国地方では、日本列島で製鉄が始まって間もない頃から集大成となる近世以降まで、各時代に製鉄が行われてきた。その中心は古くは吉備、新しくは中国山地であったが、いずれの範囲にも属する広島県域は必然的に、各時代の製鉄遺跡がそろった希少な地域となっている。（村田）

茂田鉄穴流し跡（三次市、近世。三次市教育委員会提供） 市指定

3章

平家の繁栄と瀬戸内

広島県域の中世は、瀬戸内海を舞台に海賊の鎮圧にあたった武勇の輩の成立に始まる。彼らをまとめ瀬戸内海を制圧することで武家の棟梁となった平家は、清盛にいたって日本の歴史上初めての武家政権を樹立する。

藤原純友の乱と芸備武士の成立

九世紀末から相次いで蜂起した群盗や海賊は神出鬼没の行動で朝廷を悩ませた。朝廷は各地の武勇の輩のなかから国ごとに押領使・警固使を任命し、あわせて国司に武勇の輩を動員する権限を与えることで対抗しようとした。押領使・警固使に任じられた武勇の輩のなかから武家の棟梁として成長する者も現れた。押領使・警固使に率いられた国内の武勇の輩たちは国衙によって把握・組織化されるようになる。武士の誕生である。

藤原純友の乱(九三九～九四一年)では、備後国の警固使には義友という人物が任命されているが、活動の内容は不明である。安芸国の警固使は明らかではないが、「紙本著色楽音寺縁起」(県重文)に沼田荘(三原市)荘司沼田氏の祖、藤原倫実が勅命を蒙って藤原純友討伐に出陣したと伝えられ、彼が警固使だった可能性がある。同縁起によれば、倫実は純友の首を持って京都に凱旋し、戦功によって安芸国沼田七郷を賜ったとされる。沼田氏は沼田郡司だったと考えられるが、のち沼田荘の成立にともなって荘司となった。沼田荘域には、沼田氏の居城とされる高木山城跡をはじめ、氏寺の楽音寺・蟇沼寺などの古刹や平安初期から中期にかけて制作された三十数体の平安仏を擁する善根寺薬師堂などが残り、平安期の繁栄を今に伝えている。

九世紀末以降、わが国の兵は、大鎧を着用して馬に乗り、弓を射る弓射騎兵を中心に郎従や所従が随伴する形態に変化する。これには、日頃から、狩猟や乗馬を通じた訓練、郎従や所従といった多くの兵士の扶養が必要であり、このような日常の準備を行うことができるのは、国衙から公田の経営を請け負った負名と呼ばれる大規模な営田主で、かつ同時に多くの特権を得ていた郡司・郷司・在庁官人であった。郡司・郷司の勢力がどれほどのものであったのか、具体的には知りえないが、山県郡司凡氏の氏寺と考えられている山県郡北広島町の**古保利薬師堂**には九世紀に造立されたとみられる見事な貞観仏が一一体残されている。広島

木造千手観音立像(古保利薬師堂、北広島町教育委員会提供) 重文

源義親を追討する平正盛の軍勢(『大山寺縁起絵巻』、東京大学史料編纂所所蔵)

県を代表するこれらの仏像は、寺院を建立した豪族の力を如実に示すものである。

一〇世紀後半になると、国ごとの追捕使(押領使)に任じられる家が固定化され、その指揮下にあった国内武士の主従制的関係が強まっていく。これが一国棟梁である。郡司などが在地領主化していくことと相まって、国衙はしだいに武士をコントロールできなくなっていく。一二世紀に入ると、朝廷は中央の軍事貴族を介して一国棟梁など諸国の武士を把握し、宣旨によって動員するようになる。このとき、軍事貴族として彼らの指揮を執るようになるのが源氏であり、平家であった。

平氏の台頭

平将門の乱を平定し、中央に足がかりを得た平氏は、維衡が伊勢守に任じられたことにより、伊勢に土着して伊勢平氏と呼ばれるようになる。維衡の曽孫**正盛**のとき、白河上皇の近臣になることに成功し、一族繁栄の基礎を築いた。東国で武家の棟梁への道を歩んでいた清和源氏が藤原摂関家と結びついていたため、摂関家への対抗上、白河上皇は平家を選んだのである。正盛は、源氏の棟梁・源義家の嫡男源義親の出雲国での反乱を討伐して名を挙げ、各国の受領を歴任して力を蓄えていった。正盛の子である忠盛の代にはさらに勢力を拡大し、武家として初めて昇殿を許されて、武家の棟梁としての地位を確かなものにした。忠盛は、備前守であった一一二九年(大治四)、山陽・南海両道の海賊追捕に功を挙げると、一一三五年(保延元)にも海賊の追捕を命ぜられ、日高禅師をはじめとする七〇人の海賊を捕縛して凱旋した。当時から捕縛された海賊の多くは、忠盛の支配下に入っていない者を海賊と称して連行してきたのだとうわさされていた。それだけすでに瀬戸内海沿岸の武士たちを配下に従えていたことが知られていたのであろう。首領とされる日高禅師について詳細を知ることはできないが、安芸国の蒲刈島(呉市)は古く日高島と呼ばれており、安芸国を本拠とした海賊であった可能性がある。

平清盛と瀬戸内海

忠盛の子である清盛は父忠盛が開いた日宋貿易の道筋をさらに押し広げていった。清盛は肥後守を皮切りに安芸守、播磨守を歴任した後、大宰大弐に任じられ、大宰府の官人の多くを家人としている。また、清盛の後は弟の頼盛が大宰大弐に任じられ、大宰府の拠点化を進めた。また、清盛は平治の乱後に入手した摂津国八田部荘(神戸市)の兵庫大輪田泊の整備にも着手しており、日宋貿易の拠点である博多と京都に近い兵庫、瀬戸内海の要となる安芸国厳島(廿日市市)を掌握することになった。さらに備前国の牛窓や備後国の鞆(福山市)、敷名の泊(同)や尾道など、瀬戸内海沿岸の良港を押さえて瀬

平家の厳島信仰を物語る伝平重盛奉納の紺糸縅鎧(厳島神社所蔵、京都国立博物館提供)国宝

戸内海を平家の海とし、日宋貿易の環境を整えた。日宋貿易では綾・錦などの絹織物、白磁や青白磁などの陶磁器のほか銅銭が大量に輸入され、この頃から日本は貨幣経済に移行するのである。

清盛は一一四六年(久安二)から一一五六年(保元元)まで一〇年間安芸守に任じられており、この間に芸備地域との結びつきを強めたと考えられている。清盛の安芸守時代の活動はあまり知られていないが、在任中の一一四九年(久安五)から六年がかりで実施された高野山金剛峰寺の大塔の造営を父播磨守忠盛の名代として行っている。清盛の厳島信仰は、造営中の高野山で、ある僧から厳島神社を信仰すれば必ず願いがかなうと聞かされたことに始まると伝わる。その後、一一五六年の保元の乱で勝利し、戦功によって播磨守、次いで大宰大弐となり、やがて太政大臣にまで上りつめるのである。清盛はこれらの成功を厳島の神の御加護と信じ、ますますその信仰を篤くしたが、**厳島信仰**は清盛だけでなく、平家一門に広がり、のちには後白河法皇や高倉上皇も厳島神社に参詣している。清盛の厳島信仰の陰には神主佐伯景弘の強い働きかけがあったことが考えられ、景弘は清盛の意を迎えるため多くの内侍(巫女)を上洛

厳島神社(広島県観光連盟提供)

させ、舞を披露させているほか、自身も出家後の清盛が住む福原(神戸市)に屋敷を構えるなど、関係を深めている。

清盛が太政大臣になった翌年の一一六八年(仁安〈にんあん〉三)、清盛の命により**厳島神社社殿**の造営がなされた。厳島神社社殿群が海上に建つ壮麗な姿となったのはこのときである。この造営には佐伯景弘が中心になってあたり、清盛の援助が行われたとみられる。また、この前後から安芸国内の在地領主らによる平氏への荘園寄進と平氏による厳島神社への再寄進が目立つようになり、平氏を本家、厳島神社を領家〈りょうけ〉・預所〈あずかりどころ〉とする荘園支配体制が確立されていった。清盛は、野心家で辣腕〈らつわん〉の神主景弘を介して安芸国支配を進めようとしたとみられ、非協力的な在地領主を排除し、景弘を地頭・郷司などに任命、一一八二年(寿永〈じゅえい〉元)までには景弘を安芸守に補任〈ぶにん〉させている。

反平家の動き

一方、このような急激な景弘の勢力拡大は、安芸国衙の在庁官人や在地領主らの反感を招いていたと考えられる。一一八〇年(治承四)源頼朝が挙兵し、治承・寿永の乱が始まると、安芸国でも反平氏の動きがみられた。それでも安芸国は平家方の拠点であり、一一八四年(寿永三)には土肥実平を将とする源氏軍が七度安芸国を攻め、七度撃退されたと伝わる。援軍である源範頼軍が到着して初めて安芸国を攻略するが、その過程で安芸国在庁のトップであった葉山介源頼宗は国府の早馬立城(府中町)に籠もって源氏方として戦い、山県郡の山方為綱は源範頼から戦功を賞されるなどしている。この戦乱で安芸国内は荒廃したとみられ、国府に近い安南郡開田荘(海田町)では、たびたびの源平両軍の侵入で荘民が逃げ散り、わずかに二人になってしまったと報告されている。

一一八五年(同四)、壇ノ浦の戦いで平家が滅亡した後、地頭として東国武士が多く入部した備後国と異なり、安芸国に平家没官領がそれほど多くみられないのは、乱の最中、源氏方についた在地領主が一定数いたことと関係していると考えられている。安芸国衙で介・惣大判官代などの在庁最高位を占めていた源氏もその一つである。早馬立城で戦った葉山介頼宗は、一族の惣領とみられ、源光仲の次男頼親の末裔とされる清和源氏である。葉山・葉山城・早馬立城・三戸などを名乗り、一二世紀初頭以降安芸国衙を掌握し、一族は安芸国内の国衙領の郷司などを務めていたと考えられる。

鎌倉幕府の成立と東国武士の入部

頼宗は、平家との戦いの功績により、内乱後も在庁兄部職として安芸国衙在庁の最高位の地位を確保していた。しかし、壇ノ浦の戦いから四年後の一一八九年(文治五)、頼宗は、源頼朝の奥州平泉攻めへの不参加をとがめられて領地没収の処分を受ける。処分の経緯は不明だが、頼宗の後に在庁兄部と安芸守護に任じられた東国御家人宗孝親は佐東郡、安南郡、久武名、世能・荒山荘、内部荘など広大な所領を有しており、これらは頼宗の領地だったと考えられている。

葉山・三戸氏のほかにも、山県郡壬生荘の山方氏は、一二〇三年(建仁三)に地頭職を取り上げられ、そのあとには東国御家人の小代氏が補せられており、鎌倉幕府の東国御家人優先、在地武士圧迫の方針は明白であった。この傾向は備後国でも同様で、備後国大田荘では荘官であった橘光家・兼高は鎌倉幕府御家人となったが、謀叛の疑いありとして一一九六年(建久七)に改易され、そのあとには東国御家人の三善康信が地頭として入部している。

承久の乱(一二二一年)は、鎌倉幕府内の権力闘争で三代将軍源実朝が暗殺されたことを好機とみた後鳥羽上皇が幕府打倒の兵を挙げたことに始まる。上皇方には畿内や西国の武士が多数結集したが、北条氏を中心に結束を高めた幕府軍にわずか一カ月で鎮圧された。この戦いで芸備の武士もその多くが没落し、そのあとには東国御家人が新補地頭として入部してきた。安芸国では、新たに安芸守護に任じられた甲斐源氏の武田信光をはじめ、厳島神社神主に任じられた駿河国の藤原親実、三入荘(広島市安佐北区)に武蔵国熊谷郷(熊谷市)の熊谷直時、大朝本荘(北広島町)に駿河国吉香村(静岡市清水区)の吉川経光、吉田荘(安芸高田市)に相模国毛利荘(厚木市)の毛利季光、世能・荒山荘(広島市安芸区)に下野国阿曽沼郷(栃木市)の阿曽沼親綱、高屋保(東広島市)に相模国の松葉(平賀)資宗、都宇・竹原荘

小早川氏ゆかりの米山寺宝篋印塔（三原市教育委員会提供）**重文**

（竹原市）に相模国土肥郷の小早川茂平などが入部してきた。備後国では、守護に大江広元の嫡男長井時広が任命され、長和荘（福山市）、信敷荘・田総荘（庄原市）、小童保（三次市）などの地頭職を得ている。

東国御家人たちの多くは、現地には一族や代官を派遣して支配にあたっていた。一二七五年（建治元）の京都六条八幡宮造営に寄付した鎌倉御家人のなかには、鎌倉在住者として備後守護長井氏、厳島神社神主の藤原氏、高屋保の平賀氏の名がみえ、京都在住者として沼田本荘の小早川氏の名がみえる。また、小早川氏の庶子家で新荘**小早川氏**の祖となった小早川季平は相模国在住者のなかにその名がみえており、鎌倉時代後期にいたっても西国に本拠を移す東国御家人が少なかったことを示している。鎌倉武士にとって芸備両国は収奪の対象であったのである。

このような東国御家人が西国に移住する契機となったのは、二度のモンゴルの襲来である。鎌倉幕府はモンゴル軍の襲来に備えて、西国に所領をもつ御家人に対し当主かその子弟が現地に赴くよう命じ、御家人の移住が進んだ。先の新荘小早川氏の定平は一二七六年(同二)異国警固のため下向を命じられ、これが移住の契機となったと考えられている。これら西国に移住した東国御家人のことを西遷御家人と呼ぶ。

鎌倉幕府の滅亡

鎌倉幕府は文永・弘安の二度の襲来を退け、一旦の危機は脱したが、モンゴルの脅威はその後も続いた。この危機にあたって鎌倉幕府は、北条得宗家の権力強化を図り、安芸守護職をはじめとして八カ国の守護職など機会を捉えて北条氏一門の所領の拡大を図って権力基盤を強化した。これらは、鎌倉幕府御家人の権益を削ることとなり、貨幣経済の発達や分割相続の進展で経済的困窮に陥る御家人も現れ、鎌倉幕府への不満は高まっていった。竹原小早川景宗は、相続争いを口実に本領を幕府に没収され、建長寺に寄進されるなどしている。

一三三一年(元弘元)、後醍醐天皇の討幕計画に応じて楠木正成や備後国の桜山慈俊が挙兵した。備後一宮で兵を挙げた桜山慈俊は、一時は備後半国を従えるほどの勢力となったと伝えられるが、笠置城・赤坂城の相次ぐ落城を受け、慈俊の挙兵も失敗した。しかし、これをきっかけに一三三三年(同三)五月、鎌倉幕府は滅亡するのである。

(吉野)

古保利薬師堂の仏像群

→P20

平安初期の地方を代表する仏像群

北広島町の古保利薬師の仏像群は、九世紀初頭、山県郡司凡氏の氏寺として建立された廃福光寺ゆかりの仏像群といわれ、木造薬師如来坐像をはじめ木造千手観音立像、木造十一面観音立像、木造吉祥天立像など一二躯が国重文に指定されている。いずれも九世紀初頭の貞観彫刻であり、地方で作られた仏像として日本を代表する仏像群としても知られている。

木造千手観音立像は、千本あるという脇手まで一木で彫り出された珍しい作である。

収蔵庫は公開されており、丈六仏をはじめとする壮麗な仏像群は圧巻である。

木造薬師如来坐像(北広島町教育委員会提供)

DATA
重文 北広島町古保利

明王院本堂・明王院五重塔

→P18

瀬戸内地域最古の本堂建築

奈良西大寺流律宗寺院・常福寺の仏堂であった木造建築物群。江戸初期に近隣にあった明王院と合併し、明王院に改められた。今は真言宗に属している。本堂は鎌倉時代の一三二一年(元応三)に建立されたもので、和様を基調とし、禅宗様と大仏様を交えた折衷様の本堂である。桁行五間、梁間五間の大規模かつ、瀬戸内地域最古の本堂として貴重である。

五重塔は、一三四八年(貞和四)建立、瓦葺で高さは二九メートルある。純粋の和様建築であり、伏鉢の銘によって民衆が一文勧進に応じ小資を集めて建てられたことが知られる。

福山市提供

DATA
国宝 福山市草戸町

今高野山

→P19

日本を代表する荘園の一つ、高野山領備後国大田荘の政所寺院として建てられたのが今高野山である。山内の寺院・神社には、国重文の木造十一面観音立像二軀ほか多くの文化財が残る。

DATA 世羅町甲山

久井稲生神社の御当

→P19

久井の稲生神社では毎年十月「御当」と呼ばれる宮座の行事がある。神前左に領家方、右に地頭方の座が設けられ、順に儀式が行われる。ほぼ同内容であるが、地頭方は略式となっており興味深い。

DATA 三原市久井町

大可島城跡

→P18

鞆の浦の東南端にある大可島城跡は、南北朝〜戦国時代の城跡である。現在は陸続きとなっているが、かつては島であり、仏門に入った元遊女らが庵を並べていた様子が『とはずがたり』に描かれる。

DATA 福山市鞆町

光明坊十三重塔

→P19

後白河法皇の皇女如念尼が松虫・鈴虫の二人の侍女を伴って下向し再興したと伝えられる、光明坊の境内に建つ巨大な十三重塔である。銘により一二九四年(永仁二)の造立であることが知られる。

DATA 重文 尾道市瀬戸田町

御調八幡宮木造男神坐像

→P19

社伝では藤原百川像と伝えられる。平安時代に制作された一木造りの男神像である。唇に朱色、口髭・顎鬚は繊細な墨線で表現される。両手先および膝、冠の一部を欠損しているのが惜しまれる。

DATA 県指定 三原市八幡町

御薗宇城跡

→P22

鎌倉御家人平賀氏が弘安年間に築いたとされる居館跡。のち、山城に改修されたが、鎌倉時代の居館の古い形式を保っている。室町時代の応永の安芸国人一揆の舞台として知られる。

DATA 県指定 東広島市高屋町

菖蒲前伝説

源頼政と絶世の美女「菖蒲前」

平家が滅びて源氏の世になると芸備両国を含む西国に東国武士が大挙してやってくる。西国の武士は源氏に味方した武士もさまざまな圧迫を受け抑圧されていった。奥州征伐不参加という罪により改易の憂き目に遭った葉山介頼宗もその一人である。頼宗が所領を没収されたことは史料によって明らかであるが、どのようにそれが行われたのか、その一族はどうなったのか物語るものは残されていない。しかしながら伝説のなかにはそれをうかがわせるものがある。西条盆地を中心に伝えられる「菖蒲前」の物語がそれである。

菖蒲前は、以仁王の令旨を受けて挙兵した源三位頼政の妻とされ、『源平盛衰記』に登場する人物である。頼政が宇治川の戦いで討死した後、都を落ちて地方に隠れ、のちに出家して西妙と名乗ったとされる。いわゆる貴種流離譚であり、その伝説は各地に残る。安芸西条の菖蒲前の物語もそのなかの一つである。

伝説では、菖蒲前は頼政の遺児とともに従者の猪野隼太に守られ、平家の追っ手を逃れて西条の吾妻子の滝にたどり着いた。しかし、その地で幼子が亡くなり、悲しみに暮れる菖蒲前は、「吾妻子や千尋の滝のあればこそ　広き野原のすえをみるらん」と詠んだと伝わる。源氏の世となり、菖蒲前は頼政の功により賀茂郡一円を領地として賜ると、息子の水戸新四郎頼興とともに西条の二神山城を居城として戦乱で荒廃した西条盆地の復興に力を尽くしていた。ところがあるとき、土肥・三浦の軍勢に城を攻め落とされる。侍女らとともに城を脱出した菖蒲前であったが、敵に追いつかれてしまう。侍女の鶴姫は菖蒲前を逃がすとその身代わりとなり、追っ手を前にして「菖蒲前の最期を見よ」と叫んで池に飛び込み入水自殺を遂げた。以来その池は姫が池と呼ばれるようになった。ようやく敵の手を逃れた菖蒲前は、小倉寺で隠棲する。その後一二〇四年(元久元)小倉神社で入定し、雨乞いの神様として人々の信仰を集めた。伝説のあらすじは右のようなものであり、菖蒲前ゆかりの地は西条盆地の各地に点在している。

伝説と史実のはざま

さて、西条にはこの伝説のもとになったと思われる人物がいた。「福成寺縁起」に表れる「三戸源兵衛尉頼政」とその息女「西妙」である。彼女は源平の内乱後、兵火にかかった福成寺の再建を行うなどしているが、父親の「三戸」姓と実名の「頼」字から、在庁系三戸氏の一族と推測される。

伝説と史実の関係はどのようなものだろう。二神山落城の年は、一二〇四年とも一一九〇年(建久元)ともされる。土肥・三浦はともに東国御家人であるが、土肥実平はこの頃備後守護に任じられており、三浦氏も鎌倉時代には西条盆地近隣の地頭職を所持している。二人とも当時近隣で活動していたのである。それでも平家の追っ手から逃れてきた菖蒲前が再び源氏に攻められることには違和感があるが、この伝説が一一九〇年の事件であれば、前年の葉山介(三戸)頼宗の改易との関係を推測することは容易であろう。安芸国衙領に広範に広がっていた三戸氏一族が鎌倉幕府に追討された事件が、この物語の原型になったのではないだろうか。

菖蒲前の墓(覆屋の中の宝篋印塔。東広島市小倉神社、筆者撮影)

絶世の美女菖蒲前にまつわる伝説は県内各地に広がり、今も語り継がれている。東広島市内には吾妻子の滝、福成寺、小倉神社などゆかりの地も多数残されている。史実と伝説の間を行き来しながら巡ってみるのもお勧めである。

(吉野)

吾妻子の滝(東広島市、筆者撮影)

4章 武士の時代と毛利元就の登場

守護が支配を確立できなかった芸備両国は、国人領主層の高い自立性を最大の特徴とする。国人たちは時に連合し、時に対立し、乱世を生き抜いた。戦国大名毛利元就をも生み出した彼らの自立性が、秀吉の天下統一によって失われたとき、芸備両国の中世は終焉を迎えるのである。

室町幕府の成立と南北朝の内乱

鎌倉幕府の滅亡は、芸備(げいび)の社会にも大きな混乱を引き起こした。東国武士たちに政治的に圧迫されていた在地武士たちは、これを絶好の機会と捉えて後醍醐(ごだいご)天皇の討幕に参加している。動乱の過程で、三戸(みと)氏や西条(さいじょう)氏などの安芸(あき)国の在庁系在地武士らは没落していったが、備後(びんご)国在庁系の宮(みや)一族や杉原(すぎはら)一族は室町幕府と深く結びつき、室町時代を通じて勢力を拡大していく。一方、芸備両国に拠点を移した東国武士たちも在地に根をしっかり張り、国人(こくじん)あるいは国衆(くにしゅう)と呼ばれる有力武士団に成長していくのである。

南北朝時代後期、『難太平記(なんたいへいき)』『道ゆきぶり』の作者として知られる今川貞世(いまがわさだよ)(了俊(りょうしゅん))は、二一年にもわたる九州探題(きゅうしゅうたんだい)在任中芸備両国の守護職を兼帯していた。一三七一年(応安(おうあん)四)二月、陸路九州に向け下向した了俊は、九州探題赴任にあたって芸備両国守護として軍勢を募ったが、安芸国には広島湾頭を中心に勢力をもつ武田氏や東部の沼田小早川氏、安芸国中央の賀茂郡に勢力を張った大内氏など、了俊の守護権の及ばない勢力がおり、了俊の支配は限定的であった。

九州で南朝勢力との闘争に明け暮れる了俊が守護代を置かなかったこともあって、安芸国では守護が支配を確立することができず、相対的に国人らの自立性が高まっていた。

応永の乱(一三九九年)の後、一四〇一年(応永八)山名氏惣領家の時熙(常熙)が備後守護に、翌年には一族の山名氏利が石見守護に任じられている。一四〇四年(同十一)四月には山名満氏が安芸守護に補任された。この山名満氏の安芸守護補任にあたり、七月頃には守護代小林重清が出雲から福原毛利広世に書状を送り、入部に際しての協力を依頼するのと併せて、知行の証拠書類提出の命令を伝えた。この証拠書類の提出は、国人らに対し自己の領地を保有する根拠となる文書を提出せよというもので、それまでの安芸守護が守護代も置かず守護領もなかったのに対し、安芸国に守護領を創設するため、証拠の曖昧な国人領の削減を図ることが目的であった。小林は、国人の反発には軍事行動で対抗、当然安芸国人らはこれと激しく対立して、八月二十七日には守護方と武田氏・平賀氏らとの合戦が勃発している。

武田氏は鎌倉時代以来断続的に安芸守護を務め、南北朝期も今川了俊以前には安芸守護だったもので、太田川流域を中心に大きな勢力を維持していた。国衙領の押領も広範囲に行っており、一族や影響下にある国人らに分与していた。

応永の安芸国人一揆

一四〇四年(応永十一)九月二十三日、安芸国人三三名が一揆(いっき)を結び、結束して守護に対抗することを決した。応永の安芸国人一揆である。一揆は平賀弘章(ひろあき)、毛利之房(ゆきふさ)が主導し、理由なく本領を没収された場合は、一同で嘆願すること、一揆衆の誰かが攻められた場合はすみやかに集まり共に戦うことなど五カ条を定めている。この一揆に武田氏は参加していないが、一族やその影響下にあった国人らが多数参加しており、一揆にも影響力をもっていたことが推測される。

一揆方と守護方の戦いの具体的な様相は知られていないが、平賀氏系図によれば、平賀弘章は居城**御薗宇城**(みそのう)(東広島市)で守護軍を迎え撃ち、十二月十一日の合戦で宗良(むねよし)・共益(ともます)・惟益(これます)の三人の子息を失ったものの、ついには守護軍を撃退している。山名氏は一四〇五年(同十二)に入ると満氏の加勢として石見守護山名氏利を派遣し、その死後は山名熙重(ひろしげ)に石見国の軍勢を付けて安芸に出陣させている。安芸守護満氏自身も遅くとも一四〇六年(同十三)三月までには安芸に在国して一揆衆と戦っていた。戦いは一四〇六年六月頃、将軍義満(よしみつ)が一揆追討軍の派兵を決めたことで転機を迎える。武田信之(のぶゆき)・平賀弘章・毛利之房ら一揆主力は、追討軍派兵決定を受けて山名氏と

平賀氏の居城御薗宇城跡(筆者撮影) 県指定

の妥協を図り赦免の請願を幕府に提出、追討軍の派兵が中止されるとともに、安芸守護は山名満氏から山名熙重に代えられた。武田・平賀氏らの離脱で一揆はいちおう瓦解したとみられているが、この戦いの残した影響は大きく、山名氏は安芸国での守護領設定を断念し、備後守護代に安芸守護代を兼務させる体制を採ることとなった。守護は安芸国の支配を貫徹することができず、大内氏・武田氏らの勢力も温存され、安芸国人らの独立性はその後も保たれることになったのである。こうして独自の立ち位置を得た安芸国人らのなかから、毛利元就が登場することになるのである。

大内義興の上洛と永正の安芸国人一揆

大内義興騎馬像（山口県立山口博物館所蔵）

一五〇八年(永正五)、細川管領家の内紛に乗じた**大内義興**は足利義稙を擁して大軍で上洛し、足利義澄、細川澄元を追い、細川高国を管領に就けるとともに、義稙を将軍に復帰させることに成功した。芸備の国人らも毛利興元をはじめ、ほとんどが大内氏に従って上洛している。

大内義興の在京が長期化するなか、帰国した安芸国人らは、一五一二年(同九)義興不在の不安定な情勢に対応するため、天野興次の発意で国人一揆を結ぶ。これが永正の**安芸国人一揆**である。この盟約では、将軍家や大名からの命令についてもそれぞれで判断せず、衆中の協議を経て従う従わないを判断することや衆中間での相論の解決法、衆中以外のものとの紛争の際は合力することなどが取り決められた。国人らは一揆というヨコのつながりで幕府・大名のタテの権力から相対的に自由になることを選んだのである。一方、この間に京都で病没した厳島興親の後継について、在京中の小方加賀守と友田興藤を、それぞれ支援する勢力が西方と東方に分かれて、安芸国人を二分する争いに発展した。一連の戦いのなか、東方に味方した佐東(広島市安佐南区付近)の武田元繁は山県郡の有田中井手の戦いで初陣の毛利元就に討ち取られた。この争いはおおむね西方の勝利に終わったようであるが、一五一八年(同十五)、一〇年の在京を経て帰国した大内義興は小方・友田両氏の訴えを退け、厳島神領を大内氏の直轄領とすることに決定してしまった。これが大永年間の安芸争乱の原因となる。

一五二三年(大永三)四月、友田興藤が大内義興に反旗を翻し、大内方の諸城を占拠する事件が起こり、大内氏に衝撃が走った。大内氏の受けた衝撃はこれにとどまらなかった。六月、出雲国の尼子経久が石見国を経て安芸国に侵入し、安芸国における大内氏の最重要拠点である東西条の鏡山城(東広島市)を攻略したのである。しかもこの落城は、これまで大内方であった毛利氏をはじめ、平賀氏や天野氏、阿曽沼氏、野間氏など安芸国のほとんどの国人が尼子方に付いたことによるものであった。この事態に対し、大内氏は八月には重臣の陶興房を大将に反撃に出、義興自身も出陣して大野門山城(廿

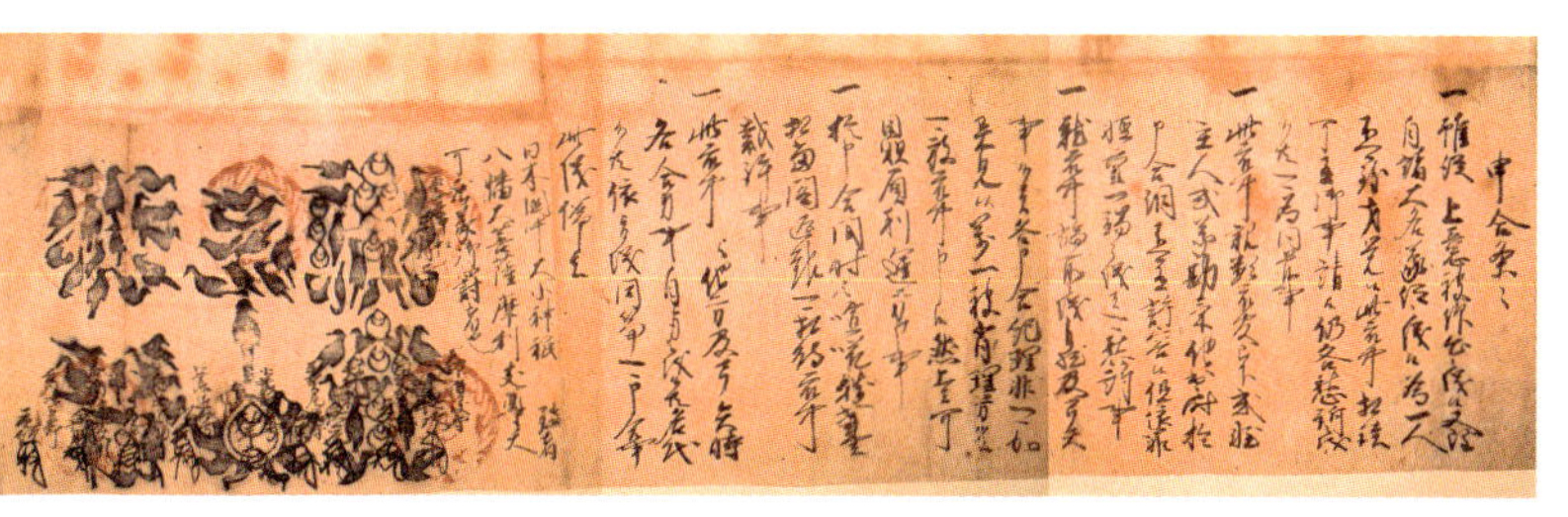

安芸国人一揆契状（署名部分、「右田毛利家文書」、山口県文書館所蔵、広島県立歴史博物館提供）

日市市）を拠点に厳島を奪回して、桜尾城（同）に友田興藤を攻め、激戦の末、ようやく一五二四年末、和議を結んだ。

毛利元就の登場

毛利氏では、鏡山城の戦いの直後、当主の幸松丸が九歳で急死し、叔父の**元就**が毛利家を相続した。この相続の実現には、元就が当時二七歳ですでに実力を現していたこともさることながら、毛利家執事で元就の兄・興元の代から家政を取りしきってきた志道広良の後押しが大きく関わっていたと考えられる。毛利元就はこのときの感慨を次の連歌の発句に込めている。

毛利の家　わしのは（羽）を次　脇柱

大内氏の重臣で安芸国奪回の総大将を務めていた陶興房は、志道広良と深い信頼関係によって結ばれており、一五二五年（大永五）三月までには、毛利氏は志道広良の仲介によって大内方となっている。陶興房は同年四月、満を持して東西条奪還に取りかかり、大内軍は野間氏の矢野城（広島市安芸区）、阿曽沼氏の鳥籠山城（同）、天野氏の米山城（東広島市）を次々に降して東西条を回復した。大内氏は翌年にかけて

紙本著色毛利元就像（毛利博物館所蔵）

豊後大友義鑑の援軍を得て金山城（広島市安佐南区銀山城跡）の武田氏を攻めている。

反撃に出た尼子経久は一五二七年（同七）備後国北部の雄族山内氏の居城甲山城（庄原市）を攻め、甲山城の南西の和智（三次市）に陣を構えて陶興房率いる大内軍と対峙した。尼子経久が山内氏を攻めたのは、危機にあった武田氏を救うためだったと考えられており、大内軍を備北に釘づけにしたことで、一定の成果を挙げたといえる。しかし、甲山城を落とすことはできず、元就のしかけた細沢山の戦いで大きな損害を被るなどして出雲国に引き揚げた。一方大内方でも翌一五二八年（同八）大内義興が陣中に倒れ、山口に帰国後年末に没しており、大内氏の安芸国経略は一段落する。

義興の跡を継いだ大内義隆は、芸備の経営よりも九州に関心を寄せており、芸備両国については毛利元就に期待するところが大きかった。一五三三年（天文二）九月元就が、大内義隆の推挙により朝廷から従五位下右馬頭に叙せられているのも、義隆が元就を重用したことを示すものである。元就も義隆の期待に応え、大内氏の東西条代官と協力し芸備両国で大内方の勢力伸長に力があった。

一五三〇年(享禄三)尼子経久とその三男で塩冶家を継いでいた興久が不和となり、武力闘争に及んでいた。この紛争では、尼子経久、塩冶興久双方とも大内氏に支援を依頼していたが、大内氏は陶興房を通じて毛利元就にどちらを支援するべきかの助言を求め、父子のことであるから父の尼子経久を支援するのが筋という元就の助言にしたがっている。大内・毛利氏の支援を受けた経久は備北山内氏の甲山城に興久を追い詰め、興久に腹を切らせるとともに、大永以来懸案となっていた甲山城を攻め落とすことに成功した。

大内氏の滅亡と元就の飛躍

一五三六年(天文五)に始まる平賀父子の内紛は、大内氏が父の弘保を、尼子氏が嫡男の興貞を支援したことで両者の対立が再燃し、大きな戦争となった。元就はこのとき失った城・領地として、志和地城(三次市)、北の城(安芸高田市)、壬生城(北広島町)、石見国阿須那(島根県邑南町)、吉茂上下荘(安芸高田市)、山県郡・備後国の所領を挙げており、尼子氏の攻勢の激しさを知ることができる。

一五四〇年(同九)尼子方の武田光和の死去や沼田小早川氏の大内方への帰属などによって弱体化した安芸の尼子方諸氏を救援するため、九月尼子詮久は三万といわれる大軍を率いて大内方の最前線にあった郡山城(安芸高田市)を包囲した。尼子軍は郡山城の周囲に堅固な陣城群を築いたが、大内氏の援軍を得た毛利氏との決戦に敗れ、翌年正月大きな損害を出して出雲に敗走した。元就はこの戦勝を最大限に活用し、室町幕府に対してもその軍功を喧伝したため、元就の武名は大いに上がった。大内

陶晴賢の本陣塔ノ岡から見た厳島宮尾城跡（筆者撮影）

義隆は、ますます元就を信頼するようになり、出雲富田月山城（島根県安来市）で大敗した一五四三年（同十二）以降は、大内氏の重臣・弘中隆兼とともに芸備両国の守護代的な地位を与えている。

元就の影響力は日増しに大きくなっていき、大内義隆と陶隆房（晴賢）の不和がささやかれるようになる一五四九年（同十八）頃には、義隆、陶隆房両者から味方になるよう誘われるほどとなっていた。元就は陶方につき、安芸国の大内義隆派を一掃する活躍をみせたが、一五五三年（同二十二）に石見国津和野の吉見正頼が陶氏に反旗を翻して挙兵すると、これを攻める陶氏と吉見氏の双方から援軍の依頼を受けることになった。元就は陶晴賢の依頼に出陣やむなしとの意見であったが、嫡男の隆元は、元就が謀殺されるようなことがあれば、毛利家は滅亡必至であるとして激しく反対し、ついに大内氏・陶氏に対し挙兵に決した。毛利軍は一五五四年（同二十三）五月十一日電光石火の攻撃でその日のうちに佐東金山城（銀山城、安佐南区）、己斐城（広島市西区）、草津城（同）、桜尾城（廿日市市）を攻め落とし、安芸国を制圧したのである。その後、元就は**厳島の戦い**で陶晴賢を討ち取り、その三年後にはあれほど盛強を誇った大内氏を長府（山口県下関市）に滅ぼした。その過程で芸備両国の国人らは毛利氏に従ったが、元就はその自主性を尊重することを忘れなかった。毛利家文書に残される著名な傘連判の契状はそれをよく示している。

元就の中国統一と中世の終焉

すでに高齢期に達していた元就であるが、その後も精力的に出雲に尼子氏を攻め、九州で大友宗麟と戦い、備中国・備前国にまで勢力を伸ばした。一五六三年(永禄六)に嫡子・隆元を失うという悲劇にも見舞われたが、一五六六年(同九)には尼子氏を富田月山城に滅ぼし、最終的に中国一〇カ国に豊前国・伊予国の一部にまで版図を広げ、一五七一年(元亀二)六月、七五歳の生涯を閉じた。

元就の跡を継いだ孫の輝元は、叔父である吉川元春、小早川隆景の補佐を得て織田信長と争い、一時は中国一二カ国に加え四国の讃岐国・伊予国、九州豊前国の一部、播磨国・但馬国にまで版図を広げたが、備中高松城(岡山市)の水攻めで羽柴秀吉と講和し、中国八カ国を領して豊臣大名となった。一六〇〇年(慶長五)九月、総大将として臨んだ関ヶ原の戦いで敗れた輝元は、芸備両国を失って周防・長門の二国に去った。

芸備両国の国人領主は、応永の安芸国人一揆などで知られるように室町時代以来独立性が高く、それは毛利氏の治世でも大きくは変わらなかった。その独立性が失われたのは毛利輝元が豊臣大名となって以後である。輝元が豊臣大名に脱皮するためには、国人の自立性は障害になったのである。時代は急速に近世に向かっていた。芸備国人たちの自主性が失われたとき、芸備両国の中世は終わったのである。

(吉野)

浄土寺

↓P19

尾道の歴史を物語る古刹

尾道水道を見下ろす浄土寺の伽藍は、一三二七年（嘉暦二）から尾道の商人たちによって再建された建物群である。国宝の本堂・多宝塔をはじめ重文に指定された多くの建物が建つ。一三三六年（建武三）京都での戦いに敗れ再起をかけて九州に落ちた足利尊氏が九州を制圧して瀬戸内海を東上する際、浄土寺に立ち寄った。本堂で本尊十一面観音に戦勝を祈願している。現在の本堂脇陣は「尊氏参籠之間」と呼ばれる。参籠を終えた尊氏は、側近らと三三首の観音法楽和歌を詠み奉納している。浄土寺は、室町幕府の成立に深く関わりをもつ寺なのである。

浄土寺

DATA
国宝 尾道市東久保町

銀山城跡（金山城）

↓P23

大内氏と死闘を繰り広げた安芸守護家の居城

鎌倉時代、安芸守護となった武田氏は、海上交通・河川交通・陸上交通が交わる物流の拠点となっていた太田川河口付近の武田山に城を築き守護所とした。中世の古文書では「金山城」と記される。武田氏は南北朝期以降安芸守護に復帰することはなかったが、安芸に隠然たる勢力を誇り、同国支配をもくろむ大内氏とたびたび激しい戦火を交えた。一度も屈することのなかった武田氏であったが、尼子晴久が郡山城の戦いに敗れた一五四一年（天文十）、大内氏の大軍に囲まれた銀山城はついに落城し、名門武田氏は滅亡した。

山頂に残る「鶯の手水鉢」と呼ばれる岩（筆者撮影）

DATA
県指定 広島市安佐南区祇園

郡山城跡

→P20

戦国大名毛利氏の居城。築城当初は、東南の支尾根に築かれていたが、元就のときに全山に拡張。城内には元就の住む「蹬」、隆元の屋敷「尾崎丸」のほか妙寿寺などの寺、重臣の屋敷などがあった。

DATA 国史 安芸高田市吉田町

鏡山城跡

→P22

西日本最大の勢力を誇った大名大内氏が安芸国支配の拠点として築いた城。一五二三年(大永三)、出雲の戦国大名尼子経久に攻め落とされ、廃城となった。戦国時代前期の拠点城として貴重な城跡。

DATA 国史 東広島市鏡山

甲山城跡

→P17

備後の有力国人山内氏の居城。鎌倉末期の築城とされ、最終的には全山を城郭としている。大内・尼子の対立のなかでたびたび戦場となった。城内には山内氏の菩提寺円通寺本堂(国重文)が建つ。

DATA 県指定 庄原市本郷町

不動院

→P23

元安芸安国寺であり、現在の寺観は毛利氏の外交僧として知られる安国寺恵瓊が整えた。国宝の金堂は一五四〇年(天文九)頃大内義隆が山口に建立したものを天正年間に移築したと伝えられる。

DATA 国宝 広島市東区牛田

絹本着色小早川隆景像

→P19

小早川隆景は毛利元就の三男。兄の吉川元春とともに毛利両川として知られる。のち、豊臣政権の五大老。一五九四年(文禄三)大徳寺玉仲宗琇による寿像賛がある。米山寺所蔵。

DATA 重文 三原市沼田東町(米山寺)

小林長刀

→P23

大内氏重宝の一つ。大内義弘が明徳の乱で山名氏重臣小林義繁を討ち取った際に使用したためこの名がある。刃は激しく欠け、切り込みもあって当日の力戦を想像させるものとされる。厳島神社所蔵。

DATA 廿日市市宮島町(厳島神社)

コラム

もっと知りたい！深掘り広島県史④

草戸千軒町遺跡

発見された遺跡とその調査

江戸時代の地誌『備陽六郡志』によって、一六七三年（寛文十三）の洪水で押し流されたと伝えられた伝説の町「草戸千軒」が発見されたのは大正末期のことであった。芦田川の川底から姿を現したこの遺跡の発掘調査は、中世集落遺跡の先駆的な発掘調査事例として著名であり、中世考古学の重要性が世に知られるきっかけとなった。発掘調査は福山市と有志、のちに広島県教育委員会によって一九六一年（昭和三十六）から一九九四年（平成六）にかけて実施され、約六万七〇〇〇平方メートルを発掘して溝・井戸・柵跡や建物跡などの遺構と一〇〇万点を超える遺物を検出した。これらの遺物は、現在、広島県立歴史博物館に収蔵され、そのうち二九三〇点が国の重要文化財に指定されている。

草戸千軒町遺跡は発掘調査成果や文献調査により、一三世紀から一六世紀にかけて繁栄した市場町・港町の遺跡であることが明らかになった。遺跡の時代区分は、大きくⅠ期からⅣ期に分けられているが、中心となるのは、鎌倉時代にあたるⅠ期・Ⅱ期と室町時代にあたるⅣ期である。とくに一四世紀前半にあたるⅡ期後半に最盛期を迎え、集落の区画や水路などが整備され港湾都市としての姿が整ったと考えられている。この時期には集落の西側丘陵部に現在の明王院本堂（国宝、一三二一年建立）、明王院五重塔（国宝、一三四八年建立）が建てられており、草戸千軒町遺跡をはじめとする地域が経済的にも豊かであったことをうかがわせる。その後、Ⅲ期、一四世紀後半には草戸千軒町遺跡の集落は一

草戸千軒町遺跡遠景（1979年撮影、広島県立歴史博物館提供）

時衰退するが、一五世紀には再び繁栄を取り戻した。応仁・文明の乱では軍勢の集結地になるなど地域の拠点集落の一つとして知られたが、戦国時代の初め頃には、芦田川に流入する土砂によって港湾機能が失われるなどの理由により、町は放棄され廃絶したと考えられている。

草戸千軒町遺跡の調査がもたらしたもの

遺跡の発掘調査の結果、それまで知られることのなかった、文献史料に表れない中世の都市住民の生活が驚くほど鮮明になった。出土品からは、列島各地から運び込まれた物資だけでなく海外貿易によって輸入されたものも数多くあり、中世の地域社会が想像以上に広範な交流によって成り立っていた事実が明らかにされたのである。また、河川敷という遺跡の立地によって、通常では残りにくい種類のものが多数出土することとなった。数多く出土した付札などの木簡、木製食器や闘茶札・聞香札などの木製品は、古文書だけではわからない、地域的流通や金融、多様な都市生活や豊かな地方文化などを明らかにしている。また、まじないや子供の遊びに関する出土品も多く、人々の内面的な精神生活にまで研究の光を当てることとなった。

遺跡から出土した闘茶札（右から３番目の資料除く。複製。広島県立歴史博物館蔵提供）

草戸千軒町遺跡の発掘調査は日本中世の考古学研究の発展に大きく寄与し、その成果は、広島県立歴史博物館の町並みの実物大復元や展示品として現在も広く市民に公開されている。

（吉野）

復元された草戸千軒町遺跡の船着き場（広島県立歴史博物館提供）

5章 広島・福山の城と城下町の成立

豊臣秀吉の天下統一、徳川家康の江戸開府・元和偃武に至る激動の時代のなか、芸備においても、毛利氏、福島氏、浅野氏そして水野氏によって急速にインフラが整備されていく。広島城・福山城など近世城郭とその城下の建設、干拓による新田開発が積極的に進められ、新たな営みが始まった。

毛利輝元と広島城築城

広島城と広島城下の歴史は、一五八九年(天正十七)二月、毛利輝元によって始まった。当時の広島湾頭は、太田川の河川交通と瀬戸内海の海上交通の結節点として機能し、毛利元就によって毛利氏直轄地、毛利氏一族、重臣の所領や毛利氏直属の海上軍事力である川内警固衆の給地が設定されていた。

毛利輝元は一五八八年(同十六)に京都で豊臣秀吉に拝謁した後、七層の天守がそびえる大坂城と淀川デルタ地帯に築かれた大坂の町並みを見学、年内のうちに広島城築城工事の準備を進め、毛利家の重鎮である穂田元清と二宮就辰を普請奉行として着工した。

広島城の竣工年は諸説あるが、一五九一年(同十九)に毛利輝元が入城、九二年(文禄元)には朝鮮出兵のため九州に向かう秀吉が広島城を訪れてその出来栄えを褒めており、この頃には天守をはじめと

広島城復元天守(広島観光コンベンションビューロー提供) 国史

する城郭の形がある程度整っていたと推測される。その後も工事は進められ、江戸時代後期の地誌である『知新集』や『芸藩通志』には一五九九年(慶長四)に落成したと記されている。

城は広島デルタのほぼ中央、元安川と京橋川に囲まれた中州に位置する平城である。内堀、中堀そして太田川を利用した外堀と石垣を構え、多くの櫓を備えた大規模な城郭であった。また、本丸上段北西隅にそびえる天守群は五重の望楼型大天守に三重小天守二棟が接続する連結式の平面構成を採用、大坂城天守にも引けをとらない大型建造物群であった。

毛利氏時代の様相をうかがい知れる資料は文書や絵図、考古遺物などいくつか伝えられており、そのなかでも、天守から南東に四〇〇メートル、武家屋敷の井戸から出土した**一対の鯱と鬼瓦**がよく知られている。櫓などの棟飾りと思われる鯱で、目、牙や鰭など凸部を金箔押としており、桃山時代の造形的特徴を表している。類似資料に聚楽第大名屋敷や伏見城からの発掘品、岡山城遺物などがあり、毛利氏時代に製作された鯱が福島氏時代または浅野氏時代初めに廃棄したものと推測されている。

またこの間に、二宮就辰と平田屋惣右衛門らによって、城下の造営も同時に進められていた。家臣団と町民を招致し人を集める、まったく一からの造営であった。

城下は、城の周囲に毛利氏一族や重臣の屋敷、その周りに侍屋敷を

広島城敷地内から出土した鯱と鬼瓦(広島市文化財団文化財課提供)

集め、南西部の本川や元安川の両岸一帯に商人や職人などが住む町を配する構造で、碁盤の目状に町割りがなされていた。城下には平田屋川、西堂川などの堀川が設けられるとともに、のちの西国街道が引き込まれ、物流と人流に関わる機能の整備が進められた。

福島正則と広島城下の変貌

一六〇〇年(慶長五)、関ヶ原の戦いに敗れた毛利輝元は、約一二〇万石の知行を削減されて周防・長門(山口県)三六万九〇〇〇石に移封され、その後の広島城には芸備四九万八〇〇〇石の領主として福島正則が入城する。福島正則は**亀居城**(大竹市)、尾関山城(三次市)をはじめとする六カ所の支城の整備、広島城での石垣、門や二重櫓などの新設と総構の構築そのほかの軍備増強を進めた。

また、福島正則は一六〇一年(同六)には芸備全域を対象とした検地を実施するなど領国経営を積極的に進め、新たな時代における支配体制の基礎を整えた。城下では、毛利氏時代の侍屋敷のうち西国街道周辺や石見往還沿いなどを商人や職人らが住む町に再編し、六〇を超える町を整備して領国経済の拠点としての基盤を整えている。城下の町を五組に分け、各町組に町大年寄などを置く体制も福島正則によって始められたと伝えられている。領内の整備に勤しむ正則であったが、一六一七年(元和三)の台風で堤防が決壊、広島城は被災し石垣や櫓にまで被害が及んだ。その修繕を幕府に申請するも、なかなか許可がおりず、独自の判断で修理を行ったが、「武家諸法度」違反で福島家は大幅に減封、信濃国に移封となった。

わずか二〇年の正則の治世であったが、城下を泰平の世に順応した商業都市に変貌させ、その後に続く広島の様相を形づくるなど、及ぼした影響は大きい。

楠木の雁木(広島市。太田川河川事務所提供 https://www.cgr.mlit.go.jp/ootagawa/river/walk/riverwalk_misasa.html 2025年3月17日閲覧)

浅野長晟と発展を続ける広島城下

一六一九年(元和五)、福島正則の後に新たに四二万六〇〇〇石で入封したのが浅野長晟である。浅野長晟は福島正則の方針を踏襲して領内の把握を進め、その後二五〇年に及ぶ広島藩の領国支配の基盤を築き上げた。広島城下においても、浅野長晟は福島正則が始めた五つの町組と町年寄による自治制度を引き継ぎ、その後の支配体制に組み込んだ。

この長晟から光晟にかけての時代に広島城下はさらに拡大、新たな町が置かれていく。城西側から河口の舟入堀へ続く本川および元安川などの河岸各所には舟運の要としての**雁木**が設けられ、その遺構は現在も広島市内の河川景観を形づくっている。

また、同じく一七世紀中頃から後半にかけての時期は、干拓事業を中心に広島藩内各地で新田や塩田の開発が推進された時代であり、広島デルタでは、寛永年間(一六二四～四四年)に、正則が築いた新開地(中区竹屋町)の南側を干拓、一六三四年(寛永十一)に城下の南を干拓することで国泰寺村を開き、一七世紀中頃(承応年間)には吉島新開を新たに築いている。

こうして歴代藩主により整備が続けられた広島城下は、幕末にはその都市人口が七万人を超え、瀬戸内そして国内でも有数の大都市へと発展していく。

水野勝成の入封と福山築城

福山城は一六二二年(元和八)水野勝成によって築かれた。水野勝成の領地は外様大名たちの領地のなかにくさびを打ち込むように設定されており、江戸幕府から西国鎮衛、つまり西日本の外様大名たちににらみを利かせる役割を期待されていたことがうかがわれる。

水野勝成は徳川家康の従弟である。初陣は一五八一年(天正九)の高天神城攻めで、そのときの活躍によって織田信長から感状と刀が下賜されている。勝成はその後も関ヶ原の戦いに前後する大垣城攻防戦、大坂冬の陣、大坂夏の陣で目覚ましい戦功をあげ、その官名から鬼日向と称された。

その勝成は一六一九年(元和五)備後・備中一〇万石の大名として入封した後、領内を巡見し、福山湾頭の常興寺山に築城を決定する。当時の福山湾頭は芦田川がつくる三角州に点在する集落が地域の

福山城復元天守（福山城博物館提供） 国史

海上交通と河川交通の結節点となり、また北に神辺（かんなべ）を通る西国街道、南に鞆（とも）などの要港を擁することで、陸路と海路を押さえるのに便利な地であった。水野勝成はこの地こそ要害の地であると定め、築城とそれに付随する町づくりを一から行うこととなった。

築城工事は一六二〇（元和六）年に始まり、二年の歳月をかけて竣工した。城は福山三角州の北、標高二三メートルほどの丘陵を中心に築かれた平山城で、内堀、外堀、そして天守と二〇を超える櫓を備えた大城郭であった。外堀大手には舟入が、外堀南東隅には海を結ぶ入川（いりかわ）への水路が設けられ、海との連絡も配慮されていた。

天守は本丸北東、天守曲輪（くるわ）の中央に立つ五層六階の層塔型複合式天守で、天守北側壁面には鉄板張による全国唯一の防御設備が施された。張られた鉄板は一枚が縦一三〇ミリ、幅一一〇ミリ、厚さ〇・六ミリの大きさで、これが約二〇〇〇枚鋲（びょう）留めされていた。表面には松脂（まつやに）と推測される顔料が塗布され、これによって、天守北面のみ漆黒の様相を呈していた。また、この鉄板について、幕末の長州藩による砲撃に対して存分にその防備性を発揮したと伝わる。

そのほか、福山城築城の特徴として、鞆城や神辺城など領内諸城の建造物の再利用に加え、京都伏見城からも櫓、門その他の建造物の一部を移築していることが挙げられる。このうち現存する伏見櫓については、二階の梁(はり)に「松ノ丸の東やくら(ぐ)」の陰刻が発見されて、同櫓が京都伏見城松ノ丸内の櫓の一つであったこと、伝承が事実であったことが証明されている。京都伏見城は豊臣秀吉、徳川家康ゆかりの天下人の城であり、その建造物が福山城に移築されたことは、福山城の竣工が江戸幕府にとっていかに待たれていたのか、うかがうことができる。

なお、伏見櫓は三層三階入母屋(いりもや)造り、望楼型、白漆喰総塗込(しろしっくいそうぬりごめ)の大型櫓である。移築後の風雪に耐え空襲をも辛くも免れて、慶長初期の建築様式を伝える貴重な事例となっている。

福山城下の開基

一方、**福山城下**の開発にあたって、水野勝成は城と町を囲むように武家屋敷や寺社を配置、城の東側から入川南岸まで南北に広がる一帯では商人や職人が住む町に充てる町割りを実施、地子諸役を免除したうえで近隣の村々や他領から町人を呼び寄せた。町名には備中笠岡(かさおか)にゆかりの笠岡町、備後府中にちなむ府中町や芦田川沿いの神島(かしま)から名づけられた神島町など、呼び寄せた商人や職人たちの出身地に由来する名称が付され、その名残は現在もみてとることができる。また、水野勝成は、城下の飲用水を確保するため、福山の西を南流する芦田川から人工的な河川である吉津川(よしづがわ)を介して蓮池(はすいけ)に導水、蓮池から地中に竹や木で製作した管や暗渠(あんきょ)で分水して、城下のいたる所でその水を使用できるよ

備後国福山御城並城下之図(守屋壽コレクション、広島県立歴史博物館所蔵)

うにした。この福山上水は江戸神田上水から数えて国内でも五番目に古い敷設であった。福山上水は城下の重要インフラであり、水野家の後に入封した松平(まつだいら)・阿部(あべ)家時代でも藩主体で溝掃除が行われるなど、その維持管理にはつねに慎重な配慮がなされていた。

このほか、一六三〇年(寛永(かんえい)七)全国諸大名に先駆けて水野勝成が実施した藩札(はんさつ)発行は、藩内の通貨不足を解消し城下商業の振興を図るためといわれる。

また、水野勝成とその子の勝俊(かつとし)なども、干拓事業や池溝整備など耕地や塩田の開発を積極的に進めており、福山三角州でも、野上(のがみ)堤防と野上新涯(しんがい)の築造、木之端(このはた)新涯など三角州東部の干拓、千間土手(せんげんどて)の築造と深津(ふかつ)新涯の開発など大規模な開発が繰り返されている。

その後、福山水野氏は五代でいったん断絶するも、水野勝成が築いた福山の礎はその後の松平氏、そして阿部氏の治世に引き継がれ、福山城下はますます発展していく。

(皿海)

三原城跡

瀬戸内要衝地に築かれた海城

→P19

三原城は一五六七年(永禄十)小早川隆景が築いた城郭で、一六世紀後半から一七世紀初頭に修築された。高石垣で固めた本丸を中心として周囲に二の丸を置き、その東西に三の丸や築出を配した梯郭式の縄張りであり、周囲を瀬戸内海につながる堀が囲み、舟入も設けられていて、海城としての威容を誇っていた。城内を西国街道が通り、城の東西には城下町や社寺が整備された。

現在はJR山陽新幹線、山陽本線が本丸を貫き、三原駅舎の周辺に本丸の一部と天守台が残されている。「続日本百名城」に選定されている。

三原市提供

DATA

国史　三原市城町

亀居城跡

江戸時代初めの緊張関係を伝える近世城郭

→P23

山口県との県境近く、瀬戸内の港町である小方の西にそびえる標高八八メートルの亀居山に築かれた平山城の遺跡。亀居城は、関ヶ原合戦後、福島正則によって領国内に築かれた支城の一つで、一六〇三年(慶長八)着工、〇八年(同十三)竣工と伝えられている。

城域は最高地点の本丸天守台から麓の瀬戸内海に及び、そのなかに石垣で固められた本丸、二の丸、三の丸、有の丸その他の郭が配置されている。山麓の海岸沿いにも石垣が築かれ、櫓などが建てられていた。一六一一年(同十六)には破却されている。

大竹市教育委員会提供

DATA

市指定(史跡)　大竹市小方

東照宮唐門および翼廊

→P23

広島城東北の地に一六四八年(慶安元)に浅野光晟によって創建された広島東照宮の門とその翼廊。木造本瓦葺きで、破風の透かし彫り彫刻には彩色が、そのほかの部分は朱漆仕上げが施されている。

DATA 市指定（重文） 広島市東区

國前寺

→P23

一三四〇年(暦応三)開山の日蓮宗寺院で、一六五六年(明暦二)に浅野光晟の妻、満姫の菩提所とされた。本堂は一六七一年(寛文十一)建立、庫裏とともに近世広島を代表する寺院建築である。

DATA 重文 広島市東区山根町

縮景園

→P23

一六二〇年(元和六)、浅野長晟の家老で茶人の上田宗箇が作庭した浅野家別邸の庭園。一九世紀初頭、浅野重晟らによって現在の庭景が整えられた。池泉回遊式庭園であり、大名庭園の貴重な遺例。

DATA 国名 広島市中区上幟町

水野勝成墓

→P18

水野勝成は一六五一年(慶安四)八八歳の長寿をもって福山において没し、火葬の後、福山賢忠寺に骨壺のほか茶碗などとともに埋葬された。墓石は高さ五・一メートルに及ぶ巨大な五輪塔である。

DATA 県指定（史跡） 福山市若松町（賢忠寺内）

本庄重政墓

→P19

一七世紀中頃、水野家家臣として干拓、塩田開発を主導した本庄重政の墓所。一六六七年(寛文七)に完成した松永塩田で作られた塩は折からの西廻り航路整備によって販路を拡大、全国で好評を博した。

DATA 県指定（史跡） 福山市松永町（承天寺内）

草深の唐樋門

→P18

寛文年間(一六六一〜七三年)、磯新涯干拓にともなって設置された。巻きろくろで三枚の木製門扉を開閉して、新涯における農業用水を調整した。水野家の干拓事業を伝える産業遺産である。

DATA 県指定（史跡） 福山市沼隈町

朝鮮通信使と広島

停泊地だった三之瀬と鞆

江戸時代には、朝鮮王朝から一二回にわたり通信使が派遣された。通信使一行は、最後の一八一一年(文化八)を除き、瀬戸内海を航行して江戸へ向かっており、安芸国では下蒲刈島三之瀬(呉市下蒲刈町)、備後国では鞆(福山市)に停泊した。

三之瀬の朝鮮通信使宿館跡を示す石柱(呉市提供)
県指定

三之瀬は瀬戸内海航路の要衝であり、広島藩領唯一の海駅に指定され、本陣や番所が置かれていた地である。通信使の宿館も整えられ、正使・副使・従事官といった上層の宿館であった上の御茶屋に通じる路地と石段が現在わずかに残っている(県史跡)。ここでの応接を担っていた広島藩はもてなしに力を入れており、その心意気は通信使や対馬藩にも伝わるところが大いにあったようだ。

一七一九年(享保四)の使節団に製述官として参加した申維翰は、長州藩が接待した赤間関(下関)でもなかったこととして、三之瀬で雉三百余羽が進呈されたことを、紀行『海游録』に驚きをもって記している。雉は通信使に喜ばれる食材と考えられていたものの一つで、それを大量に用意することは容易でなかっただろう。また、このときには広島藩から儒学者・味木立軒が三之瀬に派遣され、申維翰と筆談している。その交流の様子は和やかなもので、立軒が詠んだ詩に応えて維翰もまた詩を作り、帰路に再び会ってひとときを共にしている。

三之瀬の次に一行が停泊した鞆は瀬戸内海のほぼ中央に位置し、東西の潮流の分岐点にあたる。島に囲まれて風波を避けるのによく、潮待ちの港として長い歴史をもつ地で

福禅寺対潮楼からの眺め（福山市提供） 国史

ある。ここでの宿泊地は福禅寺であり、その客殿「対潮楼」からは穏やかな海と点在する島々を一望でき、見る者にまるで山水画を眺めているような印象を与える。正徳度の通信使上官八人は、対馬から江戸までの景色のなかでここが一番であると評し、従事官・李邦彦が揮毫した「日東第一形勝」の書が現在まで残っている。

また、景色のほかに通信使が楽しんだものとして保命酒がある。鞆の特産品であるこの薬酒は容器の徳利にも意趣が尽くされており、なかには保命酒を称賛した通信使の漢詩を色絵で書きつけたものもみられおもしろい。

忠海での交流

三之瀬と鞆のほかに、潮流や風の影響によって停泊することもあったのが忠海（竹原市）である。一七六四年（宝暦十四）の通信使は、蒲刈を出発した後に風雪にはばまれたため、忠海に宿泊した。このとき、通信使に会うため忠海へ向かった人物が、のちに広島藩の儒学者として活躍する頼春水（当時一九歳）であった。春水は一行の一人と筆談する機会を得て、自分や弟たち（春風・杏坪）の書を見せ、高い評価を受けている。また、弟の杏坪は当時九歳であったが、叔父に連れられてやはり忠海を訪ねており、その能筆ぶりに驚いた正使が、幼い杏坪のことを「奇童」（珍しく才智に富んだ子供）であると日記に記録している。

（川邉）

6章

瀬戸内海のにぎわいと産業の発展

江戸時代、瀬戸内海には多くの廻船が行き交った。物流が促進され、広島で作られた多様な物が全国へ運ばれた。人の往来も盛んで、宮島や三次で開かれた市は大いににぎわった。経済の発展を背景に学問や文芸への関心が高まり、全国に名を知られる学者も現れ、各方面に影響を与えていく。

海運の発展と港町

江戸時代は海運が大きく発展した時代である。一七世紀後半、日本海沿岸から西へ廻(まわ)り、瀬戸内海を通って大坂・江戸へと向かう西廻航路(にしまわりこうろ)が整備され、瀬戸内海には東北・北陸方面からの船や九州をはじめとする各地の廻船(かいせん)が頻繁に行き交うようになった。尾道(おのみち)など芸備(げいび)両国の港もまた、この瀬戸内海と全国を結ぶネットワークのなかに位置づいていた。

この尾道は、瀬戸内海の数ある港のなかでもとくに重要な商業港として栄えた地である。ここの産業の一つに石材加工があるが、尾道で造られた狛犬(こまいぬ)などの石造物は広島に限らず、現在の新潟県や青森県といった遠く離れた地にも残っている。それは、これらの石造物が北前船(きたまえぶね)などによって運ばれたためであり、尾道と全国各地が海の道によりつながっていたことを物語っている。

また、瀬戸内海を東西に結ぶ航路は、中世までは本州や四国沿岸を進む「地乗り」が中心であったが、江戸時代になると島嶼部を縫って一気に沖合を進む「沖乗り」が主流となり、鹿老渡(呉市倉橋町)や御手洗(呉市豊町)といった新たな港町も生まれた。

御手洗にはかつて四軒の茶屋(遊女屋)があり、そのうちの一軒であった**若胡子屋**の建物が今も静かにたたずんでいる(県史跡)。江戸時代、茶屋からはまとまった額の出銀が町へ差し出され、それらは寺社や港湾設備の修理など、御手洗のインフラを支える重要な財源の一つとなっていた。

このほか、御手洗には船宿(市指定)など当時の町屋も残っており、港とともに生きた人々の痕跡をとどめるその町並みは、重要伝統的建造物群保存地区に選定されている。

若胡子屋跡。庭に遊女・八重紫の墓がある(呉市提供)
県指定

多様な産業の展開

芸備両国では、海に面した地域と内陸部とで異なる特色をもった産業が展開し、作られた商品は津々浦々へ運ばれた。ここでは、他国へ積み出された物の一部を紹介したい。

まず綿である。江戸時代は木綿栽培が急速に普及した時代

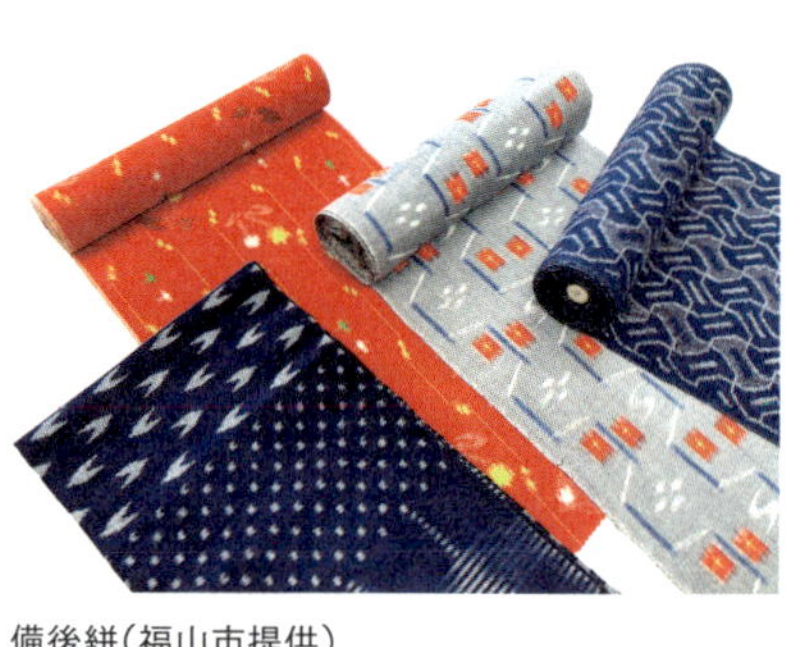
備後絣（福山市提供）

で、なかでも瀬戸内海沿岸は先進地帯の一つだった。江戸時代初めに大規模な干拓で造成された広島藩・福山藩の新開地は、塩分や砂が多く稲作は困難だった。一方で綿作には適していたため、両藩共に新開地での綿作が盛行し、芸備は木綿の主産地となった。一八五九年(安政六)に備後国の三原を通った長岡藩士・河井継之助が、「野には綿がたくさんあり、ここは海を新開したところだという」と、目にした風景を日記に書き記しているが、こうした綿畑が広がる景色は芸備沿岸地域では珍しくなかっただろう。江戸時代末期に始期をもつ**備後絣**は、日本の三大絣の一つに挙げられるほど成長するが、その背景には綿作の発展とそれにともなう木綿織の展開があったといえる。

綿と同じく盛んに作られたものの一つに塩がある。瀬戸内は古代から製塩が盛んな地であったが、一七世紀に入浜式塩田が播磨国赤穂で開発されたことで製塩量が伸び、この技術が各地に伝播した。入浜式塩田は潮の干満差を利用するもので、従来の方法に比べ効率よく塩を生産できた。広島藩では竹原がいち早くこの技術を導入し、塩気が強く耕作に適さないと放置されていた新開地を塩田として利用した。松永(福山市)、生口島(尾道市)、向島(同)でも大規模な塩田が開発され、芸備は全国有数の製塩地へと成長していった。

山間部に目を転じると、特色ある産物として鉄が挙げられる。中国地方は古来より鉄生産が盛んだった地域で、広島県北も鉄づくりの長い歴史をもつ。一六一九年(元和五)に浅野長晟が広島に入封した際、その領地高には備後四郡(三次・恵蘇・奴可・三上)の鉄山役高が含まれ、また三次藩の時代より藩営の鑪が存在するなど、製鉄は藩にとって重要な産業だった。

広島藩の主要特産品として鉄と並び称されたものに紙がある。領内各地で作られた紙は、その生産・流通を早くから藩が統制しており、多くが大坂へ運ばれ売りさばかれて藩の財政を支えた。現在では、大竹市において和紙作りの伝統が守り伝えられている。ちなみに、広島藩では一七二一年(享保六)以降、淡茜色に着色した紙を藩の公用紙としており、料紙研究において注目されている。残された古文書のなかにはほんのりと赤く染まった紙を確認できる。

福山藩においては、「備後表」の名称で知られる沼隈半島を中心とする地域の畳表が特産品として挙げられる。備後南部では古くから藺草とそれを原料とする畳表の生産が盛んで、中世以来その品質で名声を博していたが、慶長年間に沼隈郡山南村(福山市)の菅野十良左衛門が中継表という織法を考案したことで生産量や品質が向上した。一六二二年(元和八)、江戸幕府による御用表の買い上げが始まったことも相まって、備後表は最高級畳表として全国へ販路を拡大していった。

また、福山藩の港町である鞆(福山市)では一七世紀に保命酒の生産が始まり、寄港した人々を介して各地へ販売された。一九世紀には幕府の買い上げが始まり、鞆に寄港したオランダ人も求めた。保命酒は生薬がふわりと香る薬酒で、現代に至るまで愛されている。

市のにぎわい

神の島として古代以来人々の信仰を集めてきた安芸の宮島（廿日市市）は、江戸時代には城下町広島の外港の役割を担うようになり、また、日本三景の一つとして観光地の性格を強めて、多くの人を引きつけた。宮島では、三月（春）・六月（夏）・九月（秋）に市が開かれ、なかでも盛大だったのは六月の市で、人が大いに混み合いにぎわう様子は比べるものがないほどであったという。市の期間には、広島だけでなく各地から商売人が集まりあらゆる物が売買され、浄瑠璃や歌舞伎、芝居も行われた。伊予国大三島で開かれていた市（三島市）の一七七五年（安永四）の改革案では宮島を万事手本にしており、宮島の市が近国と比べてもとくに活況を呈するものだったことがうかがえる。

大正時代の久井の牛馬市。往時のにぎわいを伝える（三原市教育委員会所蔵）

内陸部の主要な市についても紹介したい。備後国北部の三次町（三次市）は、中国地方最大の川である江の川へ複数の川が合流する地であり、山陰と山陽を結ぶ交通の要地にあたる。町には紙や鉄を扱う藩の役所が置かれるなど、江戸時代を通じて北部地域における政治・経済の拠点であった。こうした三次町で開かれていたのが牛馬市である。中国山地は古くから牛馬の生産地としての性格をもち、四月下旬に三次町で開かれた市には、近国からおびただしい数の牛馬が入り込み、芝居や見世物もたくさん集まったという。取引は馬よりも牛が中心だったようで、町が牛で満ちあふれ鳴き声が響く様子を、一九世紀に三次町奉行を勤めた頼杏坪が漢詩に詠み込んでいる。このほか、久井(三原市久井町)で開かれていた**牛馬市**は、かつて日本三大牛市の一つに数えられるほどの盛況を誇っており、跡地は「杭の牛市跡」として県史跡に指定されている。

文芸・学問の発展と地域を越えた交流

経済の成長を背景に、一七世紀中頃以降、富裕町人の間で文化活動が盛んになっていった。たとえば、塩で栄えた竹原では学問や文芸に対し積極的な気運が育まれ、京都で和歌を学び郷土の人々へ指導も行う道工彦文のような人物も現れた。また、俳諧が各地で興隆し、三次の『俳諧衜足』と三原の『備後砂』という俳諧撰集が元禄期に出されている。

続いて医学についてみると、「万病一毒論」を説いた吉益東洞、精巧な**木骨**を作った星野良悦や、眼科医の土生玄碩といった医学史を語るうえで重要な人物が多くいる。困窮者への無料診察や投薬などを行った賀茂郡西条寺家村(東広島市)の医者・野坂完山の取り組みも注目され、彼が開いた私塾には他領からも人が集まった。

儒学においては、福山藩では水野時代に中島道因や崎門三傑の一人に唱えられた佐藤直方が抱えられるなど、早くから闇斎学の影響が強くみられた。広島藩でも、山崎闇斎のもとで儒学と神学を学んだ**植田艮背**が一六九八年(元禄十一)に登用されている。天明二年(一七八二)には、広島藩の藩校・学問所が開かれ、植田艮背の流れをくむ闇斎学者のほかに、徂徠学派、折衷学派、朱子学派の学者が登用されたが、学派間の対立もあり、一七八五年に学問所での教育は朱子学に統一された。

朱子学派の中心人物であった頼春水は、一七四六年(延享三)に紺屋の長男として竹原に生まれ、大坂での学問修業を経て広島藩に登用された人物で、江戸時代後期を代表する学者である。次期藩主への教育も担っていたため江戸へたびたび赴き、幕府や諸藩の人々と交流を重ねている。松平定信もその一人で、一七八四年(天明四)に定信に招かれて、学問と政治の関係について論じた。定信はのちに寛政の改革の一環で朱子学を正学とし、幕府の学問所である昌平黌では朱子学以外の学問を禁じるが、背後には諸藩の朱子学者たちの動きがあったとされ、春水も影響を与えた一人と考えられている。

春水の息子・頼山陽は、四半世紀にわたる年月を注いで歴史書『日本外史』を完成させた人物である。武家の歴史を綴ったその書は抑揚に富む名文で成り、人物描写にも優れており大いに流行した。漢詩や書などにも才能を発揮し、山陽が後世に与えた影響は大きい。

こうした頼家の人々と親交が深く、自身も全国に名を響かせた人物として、備後国の菅茶山がいる。茶山は西国街道の宿駅である**神辺**(福山市)で農業と酒造業を営む家に生まれた朱子学者であり、一七七五年(安永四)に私塾を神辺の地へ開いた。一七九一年(寛政三)には新たな屋敷へ塾(黄葉夕陽村舎、のちの廉塾)を開設し、五年後にその塾の建物と付属の田畑を福山藩に献上して藩の郷校とした。その目的は学問を学ぶ「学種」を絶やさずに、塾を永続させることにあったといい、塾には全国各地から

廉塾。手前にあるのは高屋川の水を引き入れた水路で、塾生たちが筆や硯を洗ったとされる（神辺町観光協会提供） 特史

学生が集まった。また、西国街道を行き交う多くの文人墨客も茶山を慕って**廉塾**（特別史跡）を訪ねている。

茶山は漢詩人としても有名で、詩集『黄葉夕陽村舎詩』はベストセラーになった。身近な日常生活を詠んだものが多く、みれば当時の情景が目に浮かぶ。硯（すずり）を洗う子供の姿など周囲の人々や神辺のことを詠んだ詩からは、郷里を愛した茶山の人柄をうかがうことができる。（川邊）

吉水園

製鉄を生業とした人物が造った庭園

→P21

吉水園は、一七八一年（天明元）に辺りの地形に着目した加計隅屋一六代当主の佐々木八右衛門によって造られた庭園で、一七八八年から一八〇七年（文化四）にかけて京都の庭師・清水七郎右衛門によって大改修が行われている。

加計隅屋は安芸国有数の鉄山経営者で、園内には鉄山を守護する金屋子社が建立されている。

数寄屋風の「吉水亭」の中二階からは太田川や山並みを眺めることができ、その景色は多くの人に愛でられてきた。初夏と秋に一般公開されている。

鈴木三重吉の小説「山彦」ゆかりの場所としても知られる。

地域商社あきおおた提供

DATA
県指定（名勝） 安芸太田町加計

身幹儀（星野木骨）

精巧に作られた日本最初の骨格模型

→P23

江戸時代後期の広島の医者・星野良悦による木製の成人男性骨格模型。

父親の跡を継いで町医となった良悦は、骨格の構造を知ることの必要性を感じ、藩との協議の末に刑死体を解剖・観察する機会を得た。そして、工人・原田孝次に依頼してこの精巧な等身大の骨格模型を完成させた。

一七九八年（寛政十）に江戸へ持参し、これを見た杉田玄白や大槻玄沢から絶賛され、「身幹儀」と名づけられたといわれる。一八〇〇年にはもう一体を作製し、幕府の医学館に献上した。

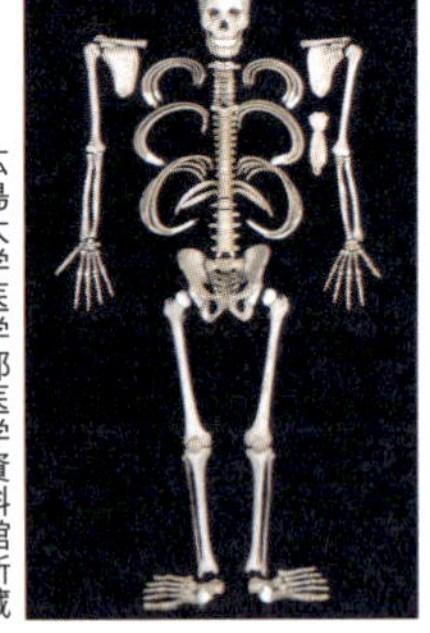

広島大学医学部医学資料館所蔵

DATA
重文 広島市南区霞

太田家住宅

→P18

鞆の歴史的な町並みを象徴する江戸時代の建物群。鞆の特産品である保命酒の蔵元であった中村家の旧宅で、敷地内には一八世紀中頃建築の主屋をはじめ保命酒蔵や茶室などが保存されている。

DATA 重文 福山市鞆町

日渉園跡

→P23

日渉園は、広島藩医の後藤松眠が江戸時代後期に三滝山中腹へ開いた藩営の薬草園。

住居と庭園があり、周囲に薬草地が広がっていた。

DATA 市指定（史跡） 広島市西区三滝本町

植田艮背之墓

→P23

比治山にある植田艮背の墓。山崎闇斎門の儒学者で、広島藩に登用されて神儒学を伝えた。町人層への教育にもあたり、子孫や門弟も藩儒となるなど与えた影響は大きい。

DATA 県指定（史跡） 広島市南区比治山町（多聞院内）

神辺本陣

→P18

西国街道・神辺宿西本陣の遺構。西本陣は尾道屋菅波家の経営で、おもに筑前福岡藩黒田家が利用し、ほかの大名家なども頻繁に利用した。母屋をはじめ本陣の中核施設がよく保存されている。

DATA 県指定（重文・史跡） 福山市神辺町

三原神明市

→P19

毎年二月、三原の本町、館町、東町一帯で催される市場祭。火祭りの左義長と伊勢信仰が結びついたと考えられ、小早川隆景も重視したと伝わる。だるま市、植木市などが開かれ、多くの人でにぎわう。

DATA 三原市

爽籟軒茶室・爽籟軒庭園

→P19

爽籟軒は尾道の豪商・橋本家の別荘。橋本家は代々町年寄を務め、文人墨客と交流があった。茶室「明喜庵」は京都山崎にある国宝妙喜庵待庵の写しといわれる。

DATA 市指定（重文・名勝） 尾道市久保

コラム

もっと知りたい！ 深掘り広島県史 ❻

頼山陽の母・静子

五〇年以上にわたる日記を書き残した頼静子

「梅颸」という言葉をみて、何を思い描くだろうか。「颸」は涼しい風を意味する文字。さっと吹いた風とともに梅の花が香るような、そうした「梅颸」という名を号にもつ頼静子という人物を紹介したい。

静子は『日本外史』を著した頼山陽の母親として知られる。生まれも育ちも大坂で、一七七九年(安永八)に大坂江戸堀で私塾を開いていた頼春水と結婚し、翌年生まれた子供が山陽である。静子にとってこれまでの暮らしを大きく変えるような出来事が一七八一年(天明元)に起きた。夫・春水が広島藩の儒学者として登用されたのである。これにより、静子は住み慣れた大坂を離れ、広島城下へと移り住むことになった。子供はまだ幼く、静子にとってゆかりがない地での生活は不安も大きかったであろう。

広島での本格的な暮らしが始まる一七八五年五月から亡くなる一八四三年(天保十四)まで書かれた静子の日記が現存しており、これらは「梅颸日記」という名で親しまれている。日付・天気に始まり、来客・贈答・家族の動向や体調など、その日の出来事を一つ一つ丹念に綴った生活の記録である。山陽のことや頼家の暮らしのみならず、江戸時代後期の文化や社会のありようを知るうえでも重要な史料である。この日記から、静子の日々の軌跡をたどると、他家の娘へ手習を教えたり、若い頃から研鑽を積んだ和歌を介して周囲の人と交流したりと、自身の教養を糧としながら広島の地で人との関係を紡いでいった姿が浮かび上がる。

息子・山陽へのまなざし

日記からいま少し静子と山陽の関係についてみていこう。日記の書きぶりは淡々と事実を列記するもので、感情を書き表すということはほとんどしていない。しかし、山陽が突如広島藩を脱藩したときには、その動揺が日記にくっきりと表れている。それは一八〇〇年(寛政十二)九月の出来事で、当時二一歳の山陽が、大叔父の弔問のために竹原へ向かう途中に突如行方をくらましたのであった。このことを静子が知ったのが九月八日で、日記には「夜いっこうに眠れない」と書かれている。そして、十三日の記事には次のような和歌が書きつけられている。

　思ふこと　なくて見ましや　とはかりに
　　のちのこよひそ　月に泣ぬる

この日は十三夜（じゅうさんや）、後（のち）の月にあたる日である。ただ山陽のことを思い、月を見て涙を流す母親の姿が歌から透けて見える。心配の尽きない山陽であったが、葛藤のときを経て、のちに京都で名をあげ、静子を旅行へ誘うなど孝行を尽くすのだった。

　さて、最初にふれた静子の号「梅颸」であるが、これは自身でつけたものではなく、夫・春水から贈られたものである。春水は一八一六年（文化（ぶんか）十三）二月十九日に七一歳で亡くなるが、その八日前に聿庵（いつあん）（山陽の息子）に命じて墨と紙を用意させたと「梅颸日記」に記録されている。このとき書かれたものが二大字「梅颸」であり、春水の絶筆であるとともに、長年連れ添った静子への贈り物なのであった。

（川邊）

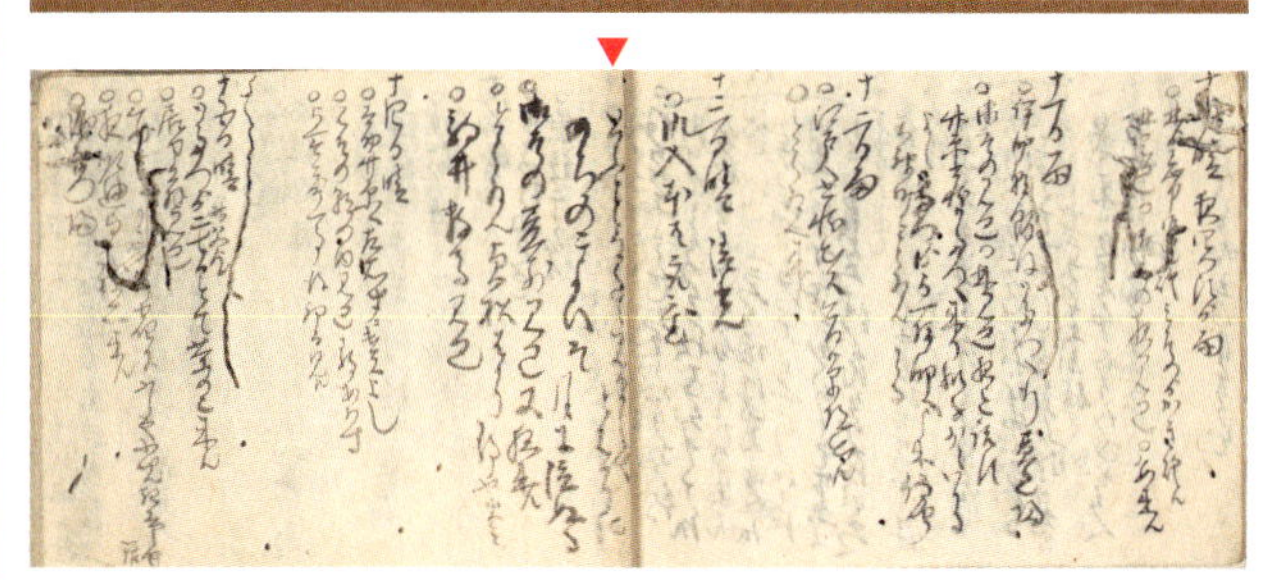

寛政12年の「梅颸日記」。▼印の箇所に、9月13日に詠んだ和歌（「思ふこと…」）がみられる（頼山陽史跡資料館所蔵・提供）　重文

頼春水の絶筆である二大字「梅颸」（頼山陽史跡資料館所蔵・提供）　重文

7章

幕末・明治の動乱と広島県の誕生

幕末の動乱のなか、長州征討では広島藩内が戦場となった。打ちつづいた社会的混乱によって人々は不安と不満を昂じさせ、為政者への不信は明治維新ののちに武一騒動として爆発する。一方、封建制度の崩壊は、地域にあって民衆の立場から社会を改革しようとする新しい人材を生み出した。

阿部正弘之像（福山市福山城公園内。筆者撮影）

ペリー来航と阿部正弘

一八五三年（嘉永六）、ペリー提督率いるアメリカ艦隊が浦賀沖に来航、翌年一月に再来航すると、江戸幕府に開国を迫った。福山藩主で時の老中首座であった**阿部正弘**はその対応に奔走、同年三月、日米和親条約を締結した。

阿部正弘は老中として海防の強化に努めるとともに、長崎海軍伝習所などの研究教育組織の設立、江川太郎左衛門をはじめとする人材の登用を行った。また、福山藩主としては、藩校「誠之館」の創設や洋学を中心とする教育科目の再編、試験による評価を取り入れた藩士登用の実施などの改革を行った。

幕末の動乱と広島藩・福山藩

ペリー来航によって国内の政治情勢が開国と攘夷をめぐって揺れ動くなか、広島藩、福山藩ともに軍備の洋式化を図った。一八六二年(文久二)から翌年にかけて攘夷が打ち出されると、両藩ともに宮島や鞆など領内沿岸の要地に台場(砲台)を築造し、また、防衛のための兵力に充てるため、武士階級以外の者から農兵、郷兵を採用して軍事訓練を施す施策を推し進めた。しかし、両藩の軍事制度改革は、悪化する財政事情もあって、十分な成果を上げるにいたらなかった。

一八六四年(元治元)の第一次長州征討、一八六六年(慶応二)の第二次長州征討(**長州戦争**)のとき、広島には征長総督府が置かれた。第二次長州征討では、征長軍が広島に集結するなか、広島藩は浅野長訓(藩主)、浅野長勲(世子、のちに藩主)と辻将曹(年寄)らのもとで征長反対の立場を貫き出兵を拒否したが、一八六六年六月には征長軍と長州藩兵が開戦、長州藩領と接する

「史跡長州の役戦跡苦の坂」への入口(大竹市。筆者撮影)

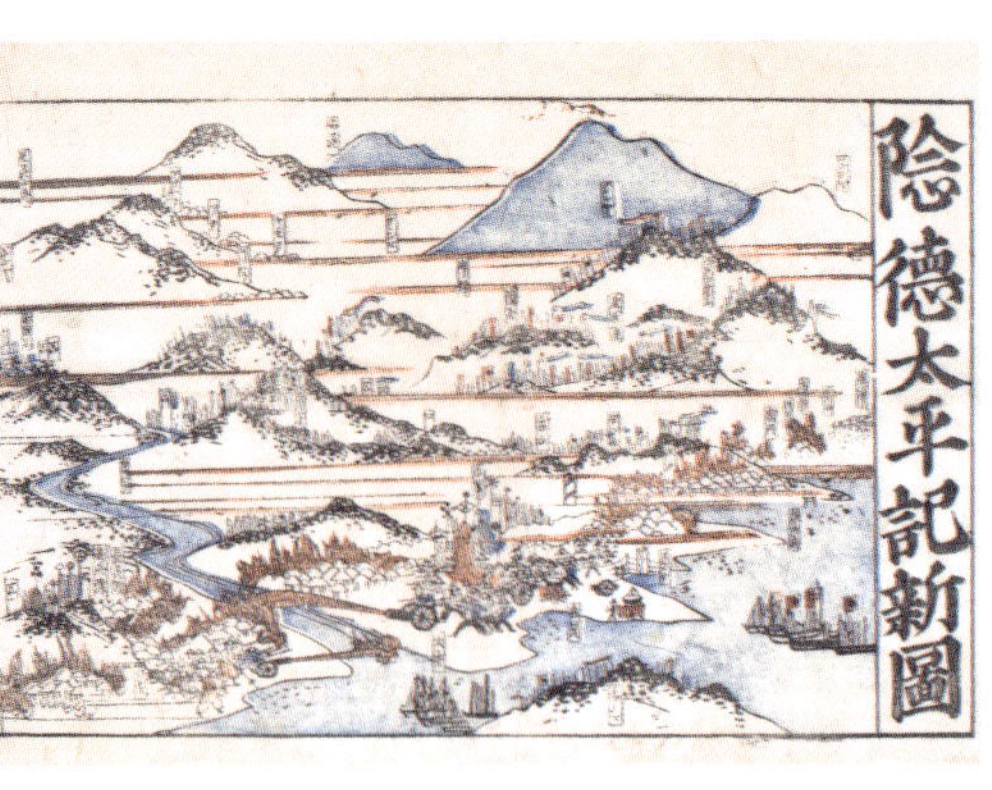

芸州口の激戦を伝える瓦版（福山市提供）

「芸州口」、現在の大竹市から廿日市市にかけての一帯は戦場となった。**芸州口の戦い**は九月に停戦するまで続き、この間、戦場となった町や村は戦火により大きな被害を被った。このときの戦禍の痕跡は、廿日市町屋跡（廿日市市）や亀居城関連遺跡（大竹市）では焼土層として検出されている。また、広島藩内では征長軍のための物資調達、物資輸送のための軍用夫徴発、藩兵の不足を補うための農兵の招集が行われ、領民たちの経済活動や生活への大きな負担となり、竹原をはじめ各地で打ちこわしや一揆も発生した。

一方、福山藩兵は、藩主である阿部正方の指揮で征長軍の一員として出動、途中病に倒れた正方を残して現在の島根県西部に進出するが七月には、長州藩兵と益田（島根県益田市）、浜田（同県浜田市）で交戦、敗北する。

第二次長州征討の後、阿部正方は江戸幕府への忠勤の姿勢を領民に示したが、広島藩は薩摩藩とともに大政奉還、討幕に向けた動きを進める。一八六七年（同三）広島藩は薩摩藩、長州藩と薩長芸三藩盟約を締結、同年の十月大政奉還の建白を経て、十一月には長州藩との間で討幕の密約（**御手洗条約**）を締結した。また、領民の間にも世直しを求める機運が広まり、尾道、広島など広島藩内の瀬戸内海沿岸の町では、一八六七年十二月から翌年一月にかけて、神札などの降下を契機に民衆が町中を踊りまわる「ええじゃないか」が発生した。

一八六八年(同四)一月、鳥羽伏見の戦いに始まる戊辰戦争が勃発すると、広島藩士および農商出身者で結成された神機隊をはじめとする広島藩兵は備中国、備後国の幕府領などの接収に出動、戦争の拡大とともに彰義隊との戦闘や奥羽越列藩同盟との戦闘に参戦、現在の福島県南部から宮城県、仙台にかけて転戦する。一方、福山藩は、一八六七年に阿部正方が死去して藩主不在となるなか、鳥羽伏見の戦いの直後、尾道から進出してきた長州藩兵と福山城北側の**小丸山**(福山市史跡)や**赤門**(旧勇鷹神社)の周辺で開戦、数時間交戦したうえで恭順する。その後、福山藩兵も新政府軍として瀬戸

御手洗条約締結の場となった「旧金子家住宅」(呉市提供) 市指定

福山藩兵と長州藩兵の戦場となった赤門(備後護国神社、福山市、筆者提供)

内海沿岸各地に出動、さらに年末には箱館(北海道)に派遣されて五稜郭の戦いに参加、旧幕府軍と交戦する。

　この間、軍費負担によって広島藩、福山藩両藩の財政は悪化、両藩ともに領民からの献金や借入の強要、藩札の増発から贋金造りも行われ、藩内経済にも大きな影響を与えた。

広島県の誕生

　一八六八年(慶応四)、倉敷県(管轄は美作国、備中国、備後国の幕府領、旗本領その他)が設置された後、一八七一年(明治四)の廃藩置県により、芸備両国には広島県(旧広島藩領を管轄)、中津県(旧中津藩領、備後国では神石郡、甲奴郡、安那郡の旧中津藩領を管轄)、倉敷県および福山県(旧福山藩領を管轄)が設置され、その後、甲奴郡(中津県および倉敷県の一部)は**広島県**に、福山県と神石郡(中津県および倉敷県の一部)は備中国内の諸県とともに深津県(翌一八七二年**小田県**に改称。県庁所在地は現在の岡山県笠岡市)に統合された。小田県は一八七五年(同八)に岡山県に合併されるが、一八七六年には旧小田県域のうち備

広島県域と小田県域

上本家住宅主屋。武一騒動で襲撃されたときの傷を残すという(北広島町教育委員会提供) 町指定

後国六郡が岡山県から広島県に移管され、これによって、現在の広島県域が確定する。

武一騒動

廃藩置県にともなって旧藩主らには在京が命じられた。一八七一年(明治四)、この命を受けて元藩主浅野長訓一行が広島を出発しようとしたところ、旧領民がこれを阻止するために広島に集結、これを契機として、広島、尾道、三次(みよし)など県内の町や村で、県の役人、富裕な商人、庄屋など村役人層などに対する襲撃や打ちこわしが繰り広げられた。「**武一(ぶいち)騒動**」と呼ばれるこの一連の暴動の背景には、旧藩主に対する惜別の情のほか、藩への献金の見返りがなくなることへの不満、藩から特権を与えられた豪商や豪農への疑惑と不満、新政府が進める政策への不信など旧領民のさまざまな心情が重なりあっていたと指摘されている。この武一騒動に対し県当局は兵を投入して鎮圧を図るとともに、首謀者の逮捕・処罰を進めた。逮捕者は五七三人を数え、このうち趣意書を記した武一など首謀者と見なされた九人は同年中に処刑された。

同じ頃、福山県でも旧領民の不満と不安が高まっており、福山県当局が警戒を強めていたところ、前藩知事である阿部正桓（まさたけ）の上京を阻止しようとする動きが誘い水となって福山県大一揆が勃発、福山、府中、鞆などの町や村で、県の役人、豪農・豪商層に対する襲撃、焼き打ちや打ちこわしが相次いだ。福山県大一揆に対しても、福山県は兵を用いて鎮圧、検挙した。

窪田次郎

窪田次郎肖像（窪田家文書、広島県立歴史博物館所蔵）

このような、政府による政治の変革と民衆蜂起（ほうき）が続くなか、地方にあって民衆の立場から政治や教育など社会体制のあるべき姿を追い求める者も現れた。粟根村（あわね）（福山市加茂町（かも））の医師である**窪田次郎**（くぼたじろう）もそのひとりである。

窪田次郎は粟根村を中心に人々の治療に当たるかたわら、多岐にわたる社会活動に取り組んだ自由民権の活動家である。彼のさまざまな活動の一つには教育に係る活動があり、一八七一年（明治四）、七歳から一〇歳までの男女に対して平等に教育を与えるための民間結社「啓蒙（けいもう）

社」を設立し、学制施行より前に長尾寺(福山市深津町)をはじめ各村での啓蒙所開設を実現させている。また、政治に人の思いを反映させるための働きかけも行っており、一八七二年頃には民撰議院設立構想をまとめ、一八七四年の小田県に民撰議院設立の要望を提出する一方で一八七五年には学習結社「蛙鳴群」の組織にも取り組んでいる。庶民の生活を守るための活動としては、一八七〇年の租税軽減などの提唱、一八七六年には郡の会議での地租見直し反対行動が挙げられ、このほか、コレラその他の伝染病対策、地域の医師の資質向上を目的とする「医会」の設立などの医療活動など、人々の生活の向上に係る活動も実践していた。

窪田次郎の活動と思想は当局者にほとんど受け入れられず、その様に失望した窪田次郎は一八七〇年代末頃にはほとんどの社会活動から退いたが、その精神は現代に語り継がれ、「ふくやまゆかりの先人」二九人のひとりにも選ばれている。

(白井)

旧枡屋清右衛門宅・旧魚屋萬蔵宅・いろは丸展示館

幕末の志士・坂本龍馬ゆかりの建物

↓P18

福山市鞆町伝統的建造物群保存地区では、幕末の志士のひとり、坂本龍馬ゆかりの建物が活用されている。

一八六七年(慶応三)、坂本龍馬率いる海援隊が操船するいろは丸と紀州藩軍艦が衝突、いろは丸が沈没する。いろは丸から救助された坂本龍馬ら一行は、鞆に上陸して枡屋清右衛門宅に逗留、魚屋萬蔵宅において紀州藩側と損害賠償交渉にあたった。

いろは丸と思われる船体は一九八八年以降数回にわたって調査され、遺物はいろは丸展示館(建物は一八世紀末に建てられた蔵)に展示されている。

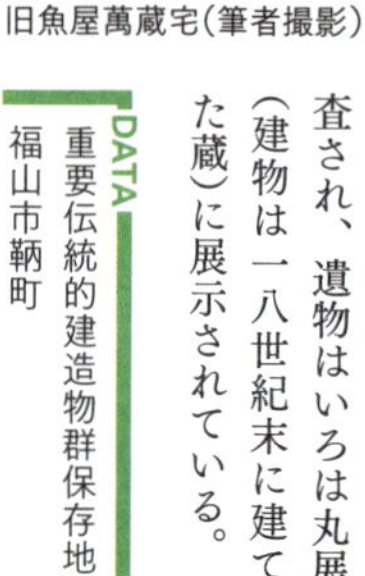
旧魚屋萬蔵宅(筆者撮影)

DATA
重要伝統的建造物群保存地区
福山市鞆町

鞆北雁木

政治的混乱のなか、鞆の人たちが整備した港湾施設

↓P18

鞆湾北岸に設置された総延長約一一〇メートルの雁木のうち北辺約四五メートルが北雁木である。高さ約四メートル、花崗岩製長石を積み上げている。

一八七二年(明治五)鞆西町の人たちによって築造されており、幕末維新の混乱のなか、鞆の人たちが生活を守るためにたゆまず努めていたことをうかがわせる。

北雁木が、連接する東雁木(一八七九年竣工)、常夜灯(一八五九年竣工)と大雁木(一八世紀末頃の築造か)とともに作り出す景観は鞆を代表する情景の一つとなっている。

(筆者撮影)

DATA
重要伝統的建造物群保存地区
福山市鞆町

大願寺

↓P23

厳島神社西側にある真言宗寺院。一八六六年(慶応二)の第二次長州征討にあたって、勝海舟(一八二三〜九九)を中心とする幕府の代表と長州藩の代表による休戦交渉の会場となった。

DATA
特史 特名 重要伝統的建造物群保存地区
廿日市市宮島町

旧金子家住宅

↓P22

御手洗町町年寄の金子家の旧宅。一八六七年(慶応三)、広島藩と長州藩は軍事協定(御手洗条約)をここで締結した。幕末の御手洗は広島藩と薩摩藩の密貿易の舞台ともなっていた。

DATA
市指定 重要伝統的建造物群保存地区
呉市豊町御手洗

八条原城

↓P22

一八六八年(慶応四)、戊辰戦争の長期化や外国の干渉に備えて広島藩が着工した城。政事堂などが整備され、神機隊の拠点ともされたが、戊辰戦争終結後に工事は中止され、未完に終わった。

DATA
東広島市志和町

福山城跡小丸山

↓P18

福山城北側外郭線の北西の一角。一八六八年(慶応四)長州藩兵と福山藩兵の戦場となった。現在、水野勝成寿碑、寺地舟里碑や江木鰐水碑が移築され「先人の森」として整備されている。

DATA
市指定(史跡) 福山市丸之内

阿部正方墓域

↓P18

幕末の福山藩主である阿部正方の墓域。阿部正方は一八六八年、小丸山に仮埋葬された後、一八七〇年(明治三)この地に埋葬された。阿部家歴代のうち、国元に墓所があるのは阿部正方だけである。

DATA
市指定(史跡) 福山市北本庄町

窪田次郎生家跡

↓P18

福山市北部、加茂谷の西側斜面にあり、窪田次郎のさまざまな活動はこの地を中心に繰り広げられた。史跡内には庭園、土塀、石垣、土蔵などが残り、江戸時代の庄屋屋敷の面影を伝えている。

DATA
市指定(史跡) 福山市加茂町

商人が育んだ箱庭的都市・尾道の中世、近世

海と「坂の町」尾道

尾道は瀬戸内海北岸、尾道水道に臨み、三方は尾道三山（千光寺山、西国寺山、浄土寺山）に囲まれた天然の良港である。瀬戸内航路の要衝、西国街道や出雲往還（銀山街道）などの陸路の結節点として繁栄、現在も山陽本線、しまなみ海道などの道路網や島嶼の航路網の中心、備後南部の経済の要の役割を担っている。

また、山麓から山腹にかけて広がる社寺、庭園、住宅などとそれらを結ぶ石段や小路などが醸し出す町の風情は、多くの人々を魅了しつづけている。

尾道の誕生と発展

尾道の発展は、一一六九年（嘉応元）後白河上皇が大田荘（世羅町）の倉敷地を設定したことに始まる。以後、尾道は国内物資の集散地、海外貿易の拠点へと成長、一四世紀には今川了俊の紀行文『道ゆきぶり』に東北地方や九州地方の船が多数停泊する様が記録されるようになる。一五世紀の記録は尾道籍の船が米、塩、鉄などを積載して瀬戸内海を行き交う様子を伝え、尾道船籍の大型船が遣明船に用いられたことも記録されている。

常滑焼、備前焼や青白磁をはじめとする尾道遺跡の遺物からも、中世の尾道にさまざまな物資が各地から運ばれていたことをうかがうことができる。モノの動きとあわせて、一三世紀には、問丸、梶取など海運関係者や商人たちによって、浄土寺山と西国寺山の間周辺から町並みが形づくられていった。一四世紀初めには一〇〇〇軒余りの家が建ち、『道ゆきぶり』は、汀の迫る山麓に民家が密集する様子を記している。また、宋希璟の紀行文『老松堂日本行録』にも、一五世紀の尾道の海辺に民家が密集し斜面に僧舎が並ぶ様が記されている。

「寺のまち」の成立

一三〜一四世紀の尾道は、有力商人によって浄土寺や常

称寺などの伽藍が整えられ、西大寺流律宗のほか時宗など鎌倉仏教の活動の拠点となっていた。現在でも尾道には、浄土寺本堂、浄土寺多宝塔、浄土寺阿弥陀堂、浄土寺納経塔、西郷寺本堂、常称寺本堂など、当時の有力商人の信仰と実力をうかがわせる文化財が数多く伝えられている。

一五世紀には、足利将軍や備後守護の山名氏など権力者も尾道の寺社に寄進を行い、西国寺金堂、西国寺三重塔や天寧寺塔婆をはじめとする堂宇が建立されることで、尾道三山山腹に二五カ寺を数える寺院が甍を並べる景観が整えられていった。

西国寺金堂 **重文**

「商人のまち」

一七世紀、西廻り航路が整備されると、尾道にも北前船が寄港し、米穀、干鰯、昆布などの海産物、塩、畳表、綿、石材や鉄製品などが取引されるようになる。尾道には株仲間、問屋役場や問屋座会所などが整備され、橋本家をはじめとする有力商人によって金融、流通の管理、運営がなされた。

このような交易、鉄製品生産や塩田経営などで培った財力を背景に、尾道の有力商人は住吉浜などのインフラへの投資、住吉神社そのほか社寺への寄進を実践するとともに、山腹や島嶼など風光明媚な地に別邸である茶園を開き、茶事をはじめ詩歌文、俳諧や絵画などの創作活動を繰り広げた。その茶園文化の一端は浄土寺露滴庵、爽籟軒茶室や爽籟軒庭園などからもうかがえる。

（白井）

浄土寺露滴庵（©村上宏治） **重文**

8章 殖産興業と移民

明治政府は、殖産興業と富国強兵政策を推進し、国家の急速な近代化を後押しした。こうした急激な変化は、従来の産業構造の解体や衰退、労働人口の流出などの一因ともなったが、宇品港や山陽鉄道などのインフラが整備されたことで近代都市へと変貌を遂げる。

近代産業技術の流入と在来産業の衰退

近代産業技術の導入は広島藩の重要産業でもあった、たたら製鉄にも大きな影響を与えた。明治初期まで国内鉄生産の大部分を担ってきた中国地方のたたら製鉄であったが、たたら製鉄は洋式高炉製鉄法に比べて生産効率が著しく低く、明治政府も殖産興業の一環として洋式高炉製鉄法の導入を推進していた。

広島藩から藩営たたら製鉄を引き継いだ広島県では、一時は、県によるたたら製鉄経営を継続するよう望んだが、大蔵省は県によるたたら製鉄事業を廃止する方針を固めた。これを受けて県は、社会対策その他の必要もあって、藩営たたら製鉄の民営転換を図るが失敗、製鉄労働者の救済や洋鉄輸入を抑制し、軍部を中心とする鉄鋼の国産化の要望に対処するため、一八七六年(明治九)に官営広島鉱山として操業を再開する。しかし、この官営広島鉱山の操業はただちに苦境に陥り、県政のうえからも放置できない重要課題となった。

一八八〇年県令に着任した千田貞暁（せんださだあき）は、一八八三年官営広島鉱山の製鉄技術の改良点として、外国鉄のように多種の鉄を供給し需要者の便を図ること、農具など民需に適した物に仕上げることおよびコストを削減し安価に供給することの三点を掲げ、とくに経費削減と廉価供給を実現するためには生産工程の改良を推進する必要があることを指摘、これを受けて、官営広島鉱山は落合作業所（三次（みよし）市）において小花冬吉（おばなふゆきち）、黒田正暉（くろだまさてる）らの技術者による鉄滓吹（てっさいぶき）製鉄法、丸炉や角炉の開発その他の技術の研究開発、改良を推し進めた。一八九三年には落合作業所に日本初の角炉が建設された。

一九〇一年、八幡（やはた）製鉄所の本格操業開始の後、一九〇四年をもって官営広島鉱山は民間に払い下げられ、落合作業本所で研究開発された角炉をはじめとする技術のいくつかは、中国地方のたたら製鉄事業者へと受け継がれる。広島県内では、庄原（しょうばら）市東城（とうじょう）町出身の野島国次郎（のじまくにじろう）が鉄滓吹き技術を導入、一八九三年に銑鉄製造に着手、一九〇一年には山県製鉄所（やまがたせいてつしょ）（のち**中国製鉄株式会社**、北広島町）を設立して、日露戦争時の鉄の需要に応えるとともに、地域産業に大きな影響を与えていくこととなる。しかし、このような努力のもと経営を続けた中国山地のたたら製鉄も、洋鉄の増産に圧倒されて生産量がしだいに減少、第一次世界大戦後の不況の影響を受けて、一九二〇年代にはその多くが休廃業することになった。

広島綿糸紡績会社第2工場(のちの海塚紡績所。広島市公文書館提供)

近代工業の先駆けとなった官立綿糸紡績工場

広島県における近代的工場の発展は、政府が模範工場として計画した官立綿糸紡績工場の設置に端を発する。

明治時代、外国から安価な綿糸が大量に流入したことで、従来の綿花栽培から綿糸を紡ぎ綿織物を製造するという一貫生産体制が崩壊、これにより国内の綿糸生産が圧迫されるようになった。これに危機感をもった明治政府は、高品質な国内綿糸の生産体制の確立による綿糸紡績業の振興を図り、一八七八年(明治十一)、イギリスから洋式紡績機二台を購入して、全国有数の綿花の産地であった広島県と愛知県に官立模範工場の建設が計画され、安芸郡上瀬野村(広島市安芸区上瀬野町)に建設されることになった。

この工場は完成直前の一八八二年に士族授産を目的に設立された**広島綿糸紡績会社**に払い下げられたが、一八八三年の試運転時に夏季はつねに水量が不足することが判明、課題を克服できないまま、一八八六年に広島区河原町(広島市中区)に移転する。河原町の新工場は蒸気機関を備えた近代工場として建設され、さらに一八八三年に佐伯郡下小深川村(広島市佐伯区五日市町)に建設された第二工場は、タービン式水車を動力とした当時として最先端工場であったため、両工場を合わせた綿糸生産高は飛躍的に向上し、広島綿糸紡績会社は日本紡績業の発展の先駆けとして大きな役割を果たすこととなった。

福山周辺では一八九三年、山陽鉄道福山駅前で福山紡績が操業を開始、紡績産業は福山でも代表的な近代産業へと成長する。幕末に富田久三郎が考案した備後絣は明治時代には販路を拡大、富田久三郎による織機の改良、農家への織機の貸し付けと指導、組合結成などの取り組みによって福山地域での量産体制が整備され、備後絣は全国的地位を向上させていった。

細工町の五階楼(広島城所蔵)

生活文化の変化と畜産業の振興

明治時代前期から都市部を中心に流入した西洋文化は産業のみならず洋風の官庁や商店の建設、洋服の導入など民衆の生活にも大きな影響を及ぼした。文明開化を象徴する肉食も一八七二年(明治五)には始まっており、牛乳も広く飲まれるようになる。細工町(広島市中区大手町)には、**五階楼**と呼ばれる、当時としては非常に珍しい五階建ての洋風高層建築が建てられ、牛肉料理も提供されるなど初期の歓楽街の中心となった。また広島ミルク株式会社(のちのチチヤス株式会社)も一八八六年に広瀬村(中区広瀬町)で牧場を開き、乳牛事業を開始している。

このような生活文化の変化を受けて、明治政府も育種場・種畜場などを作り技術改良を推進しており、一九〇〇年に、農商務省が政府の畜産振興の基地として、庄原市七塚原(ななつかはら)の約一二〇ヘクタールもの広大な敷地に国内初の「**国立種牛牧場**(こくりつしゅぎゅうぼくじょう)」を開設している。当時は乳牛の導入が盛んで、一九一二年(大正元)までに約三六〇頭が飼育され、広島県内の酪農発展の拠点となった。

明治期における経済困窮と移民

以上のように、明治期における近代産業の導入は在来産業に大きな影響を与え、広島の近代化の先駆けとなったが、必ずしも当時の経済を十分に潤したわけではない。

広島藩は、もともと江戸中・後期の人口増加率が大きく、一人あたりの耕地面積は極度に零細で、人々は各地に出稼ぎを行っていた。江戸時代の広島周辺では綿花・藺草(いぐさ)・藍(あい)などの商品作物の栽培により、多くの労働力を必要としていたが、明治期に外国産の輸入が増大したことで立ち行かなくなり、大量の失業者を発生させた。さらに明治政府の官営事業であった炭鉱・製糸・紡績場・金銀銅の各種鉱山・造船・軍事工場などへの過大な投資、西南戦争後の財政再建を目的とした松方財政に起因する農作物価格の下落と地租改正により、村落の農民はさらに経済的に疲弊することとなった。

広島県内にこのような失業者を受け入れることができる産業基盤が整うのは日清戦争以降のことであり、明治十年代から男子を中心に北海道の開拓移住や北九州、長崎県などの炭鉱地帯へ、子女の多くは、大阪・東京・岡山・兵庫などの紡績工場に出稼ぎを行うこととなった。たとえば、北海道には北広島市があるが、これは一八八三年(明治十六)当時の札幌郡月寒村へ移住した、和田郁次郎を指導者とする一団が「広島開墾地」で開拓を始め、のちに広島村、広島町となり現在に至ったものである。また、一八九四年時点での遠隔地から職工を募集する紡績工場の調査には、全国五〇工場のうち三七工場しかも大阪、東京、岡山などの大工場に広島出身者が就職している状況が記録されている。

海外への移民は、一八八五年のハワイへの官約移民(日本とハワイとの協約にもとづき三年契約でハワイのサトウキビや砂糖の生産のための労働者として送り出された移民)の送出から本格化する。ハワイの甘蔗(サトウキビ)畑で農業に従事する移民が募集されると広島県は山口県とともに移民県として多数の移民をハワイに送り、やがてオーストラリアや北アメリカ・南アメリカなどにも移民の範囲を拡大した。

広島県は出稼ぎによる県外への全国一の移民送出県であり、移民の出身地は広島県全体に及ぶが、なかでも安佐・安芸・佐伯郡・広島市の広島湾に接する一市三郡に集中していた。

一八九一年末の広島県の調査では、ハワイ在住の広島県移民が同じ年の県予算額の約五四パーセントに相当する合計二七万円もの金額を送金しており、移民による送金や持帰金は、移民の母村や家庭はもとより県や国の経済にとっても重要な意味をもっていた。

しかしながら、こうした移民の流れも二〇世紀初頭からしだいに制限されることとなり、一九四一年(昭和十六)太平洋戦争勃発により完全に停止、戦後、南アメリカへの移民を中心に再開するが、高度成長経済成長期には激減することとなった。

日清戦争時に宇品港から出兵する兵士たち(亀井茲明撮影『明治廿七八年戦役写真帖』上、国立国会図書館デジタルコレクション所蔵)

宇品港護岸の一部として残る旧軍用桟橋跡(筆者提供)

産業発展の基礎となった宇品港築港

明治初期の広島湾岸には上流から運ばれた大量の土砂が堆積し、遠浅の干潟が広がっていた。そのため、大型船は直接着岸することができず、旅客や物資の輸送に支障をきたしていた。

このため、広島県令の千田貞暁は、藩政時代のままのインフラによって物資が渋滞し、経済活動が停滞している実態をふまえ、大型商船が接岸できる道路整備や築港と士族授産事業としての皆実新開(みなみしんがい)沖の干拓を併せた事業として着手することになった。

この**宇品港**(うじなこう)の築港は、一八八一年(明治十四)には計画策定を開始し、漁業関係者の反対や資材の高騰など、さまざまな課題に直面しながらも、一八八四年に着工、一八八九年には完成する。完成当時は、広島という地方都市には不釣り合いに大規模な施設であり、利用が少なかったことから、その価値が十分には認められず、この事業を一大失策とする意見も多かったが、開港から五年後の一八九四年に、広島駅まで開通した山陽鉄道と宇品港が軍事専用鉄道である宇品線によって接続したことで、宇品港は兵隊や軍事物資の運輸などを担う軍事輸送基地として重要な役割を果たしたほか、一八九七年には台湾への航路、一九〇五年には清国への定期航路が開かれるなど、商業港としてのにぎわいもみせるようになり、その後の広島の産業発展の基礎となった。

一方、千田貞暁は、のちに近代広島の発展に寄与したとしてその功績を称えられ、死後の一九〇八年に宇品築港記念碑、一九一五年(大正四)に本人の銅像、一九二五年には千田廟社(千田神社)が宇品に建立された。これらは併せて**千田廟公園**として整備され、今に至るまで千田の功績を後世に伝えている。

(荒平)

千田廟公園内の千田貞暁像(筆者提供)

旧大浜埼灯台通航潮流信号所施設

↓P19

海の安全を守りつづける貴重な灯台施設

一八九四年(明治二十七)三原沖と備後灘を結ぶ布刈瀬戸沿岸の岬上に設置された大浜埼灯台、一九一〇年に設置された船舶に潮流情報を伝える通航信号塔、潮流信号機その他の施設が一括して指定されている。

大浜埼灯台は県最古の洋式灯台の一つで、高さ九・三メートルの石造塔体に鉄製灯籠を載せ、全体が白色に塗装されている。通航信号塔は灯台の西側高所に設置され、三基の塔屋から船の往来方向その他の情報を提供していた。いずれも貴重な文化財であるとともに、灯台は今も船舶の安全を守りつづけている。

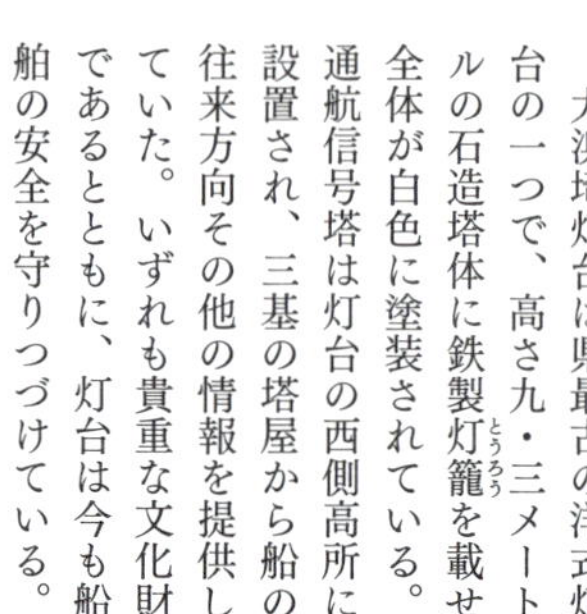

©村上宏治

DATA
重文 尾道市因島

七塚原記念館(旧国立種牛牧場本館)

↓P17

牧歌的風景に残るかつての広島の畜産振興の拠点

ポプラ並木と草原が美しい七塚原高原には旧国立種牛牧場本館が七塚原記念館として保全されている。一九〇〇年(明治三十三)竣工、木造二階建一部平屋建て、二階建部寄棟造り、平屋部切妻造りの洋風建築で、玄関には寄棟造りに棟飾りを載せた屋根が架かる。外壁は下見板張りで、大きな上げ下げ窓が配されている。

国立種牛牧場は日本初の畜産試験研究機関であり、本館のほか畜舎、サイロなどを備えていた。一九二三年(大正十二)に県に移管された後も七塚原高原で研究が続けられ、本県畜産技術の向上に貢献している。

庄原観光推進機構提供

DATA
庄原市七塚原町

官立綿糸紡績工場跡

↓P22

殖産興業のために建設された官営模範工場の跡。綿糸紡績業を振興する目的で水力動力の洋式紡績工場として計画、竣工し、払い下げられた。石垣、六〇〇メートルにわたる水路その他の遺構が残る。

DATA 県指定（史跡） 広島市安芸区上瀬野町

小鳥原砂鉄精錬場跡（大谷山たたら）

↓P16

一九二二年（大正十一）まで操業した県内最後のたたら製鉄場跡。高殿を中心とする本精錬場の遺構と大鍛冶場跡からなる。たたら製鉄終焉期の様相を示す遺跡として貴重。

DATA 県指定（史跡） 庄原市西城町

中国製鉄株式会社大暮工場跡地

↓P21

野島国次郎が創設した製鉄所の跡。一九〇一年（明治三十四）～二三年（大正十二）、たたら製鉄による大量の鉄滓を原料として「大暮木炭銑」を生産していた。当時の石垣、レンガ積み煙突が残る。

DATA 町指定（史跡） 北広島町大暮

旧芦品郡役所庁舎

↓P19

備後府中市街地中心部に一九〇三年（明治三十六）に新築された擬洋風建築。木造二階建、寄棟造り、漆喰壁に隅石風意匠を施した、明治期郡役所建築の遺例。市民の取り組みを受けて移築された。

DATA 市指定（重文） 府中市土生町

ホフマン式煉瓦窯跡

↓P22

一九二五年（大正十四）に造られたホフマン式輪環窯のレンガ造煙突。この遺構が残る吉名、安芸津の地域では明治時代中期からレンガ生産が盛んに行われ、呉鎮守府建設をはじめとする需要に応えた。

DATA 竹原市吉名・安芸津

猿猴橋

↓P23

一九二六年（大正十五）、国道（旧西国街道）の橋梁として広島の東の入口に架けられた鉄筋コンクリート桁橋。地球儀をつかんで羽ばたく大鷹像、欄干の猿と桃の模様など随所に豪華な装飾が施されている。

DATA 広島市南区猿猴橋町・的場町

9章

陸海軍の拠点と戦争の時代

明治政府は一八七二年(明治五)陸軍省と海軍省を創設、富国強兵のため、近代軍制確立と兵器の国内製造実現を目指した。広島では広島城や宇品港周辺の陸軍施設を中心にインフラが整備され、呉一帯では鎮守府や海軍工廠と一体となった市街地化計画を元に軍港都市が形づくられた。

広島城から広島大本営へと至る軍都への歩み

広島の軍都としての歩みは、一八七一年(明治四)十月に鎮西鎮台第一分営が広島城(広島市中区)本丸に設置されたことに端を発する。

その後、一八七三年に鎮台が増設されると広島には第五軍管**広島鎮台**(八八年、第五師団に移行)が設置され、中国・四国地方を管轄する軍事拠点として位置づけられた。広島城周辺には歩兵第一一連隊その他の部隊が駐屯したほか、練兵場、広島鎮台病院や兵器部などの軍事施設が設けられ、広島城内は全域が軍用地となった。

さらに日清戦争中の一八九四年九月には、天皇直属の戦時の最高統帥機関である大本営が前線に近い広島に移り、第五師団司令部建物が大本営とされた。明治天皇は一八九四年九月から一八九五年四月まで広島に滞在し、伊藤博文首相をはじめ内閣の中枢も長期にわたり広島に滞在した。この間、臨時帝国議会が開催されるなど、広島は一時的に日本の首都機能を果たした。

日清戦争の後、日露戦争から軍縮期を経て十五年戦争に至る間も、広島周辺には要塞砲兵連隊その他の部隊、官衙や軍学校の設置が続き、太平洋戦争末期、一九四五年（昭和二十）には第二総軍が置かれて本土決戦への準備が進められることになる。

広島鎮台司令部（のちの広島大本営）（宮内庁書陵部所蔵）

宇品港を輸送拠点とする軍都の拡充

一八八九年（明治二十二）に殖産興業政策の一環、「貨物渋滞、生産不振」の打開策として竣工した宇品築港であったが、一八九四年に勃発した日清戦争を契機として、その役割を大きく変えることとなる。

折から、山陽鉄道株式会社によって神戸―下関間を結ぶ山陽鉄道の敷設が広島県内で進められており、日清戦争開戦直前の一八九四年六月に広島まで延伸したところであった。同年八月に日清戦争が開戦すると、この山陽鉄道を利用して、広島に各部隊が次々と集結、兵士や兵器、食糧などを朝鮮半島、中国大陸に向けて送出する兵站拠点としての基盤が整えられることとなった。とくに宇品港については、陸軍省の依頼を受けた山陽鉄道株式会社によって広島駅（広島市南区）から軍用鉄道（のちの宇品線）がわずか一七日間で敷設され、軍事輸送網のなかに組み込まれることとなった。

日清戦争後、宇品港周辺には在外部隊に軍需品を供給する臨時陸軍運輸通信部宇品支部や帰還兵を対象とする臨時似島陸軍検疫所などが設置され、日露戦争前後の軍拡期には陸軍運輸部などが宇品港周辺に、兵器・糧秣・被服などの軍需工場や調達機関が宇品港への物流の動脈である宇品線や京橋川沿いに相次いで設置された。一八九七年、宇品海岸に開設された陸軍中央糧秣宇品支廠（のちの宇品陸軍糧秣支廠）は兵食・馬糧などの調達、製造、配給、貯蔵を行う機関であり、日露戦争後の一九一一年には宇品御幸に宇品陸軍糧秣支廠缶詰工場（**旧広島陸軍糧秣支廠建物**、市重文）を開設、牛

「最近実測　広島市街地図」（広島県立文書館所蔵）

肉缶詰などの生産を開始している。さらに一九〇五年には陸軍被服廠広島派出所(のちの広島陸軍被服支廠)が皆実町(みなみ)に設置されて、軍服、軍靴その他の製造、調達、貯蔵その他の業務に従事することになり、翌一九〇六年には武器弾薬などの集積補給にあたる**広島陸軍兵器支廠**が出汐(でしお)に移転している。

また、一八九六年には、日清戦争前後の人口増にともなう衛生対策、陸軍施設の給水や陸軍傭船(ようせん)への上水補給の必要に対応するため、牛田(うした)浄水場(広島市東区)をはじめとする広島軍用水道と広島市水道の敷設工事が起工され、一八九八年竣工、全国五番目の近代水道として創設されている。

このような軍事施設の拡充は広島市民にとって職工としての勤め先、補給に必要な物資を納品する取引先、建物建設などさまざまな業務の請負先として非常に重要な関わりをもつこととなった。

一八八九年市制施行時にはすでに中国地方最大の八万三〇〇〇人を超えていた広島市の人口も、日清戦争後急激に増加、これにあわせるように急増する軍や市民の需要に応えるため、水道敷設に加え、電気事業の開業(一八九四年)、ガスの供給開始(一九一〇年)、堀などの埋め立てと路面電車の開通(一九一二年)など、社会資本の整備が急速に進むこととなった。

鎮守府の開庁と海軍工廠の発展

一八八六年(明治十九)、広島湾の東側入口に位置する呉(くれ)湾に、欧米諸国と渡り合うための海防力を強化し、大規模な造船所を建設するための候補地として、第二海軍区の鎮守府(ちんじゅふ)を設置することが決定された。これには、湾内の広さや水深、防御に適した地形条件、海軍関連施設を建設するに足る十分な平地、鎮台が置かれていた広島との近接性の面が高く評価されたという。
呉鎮守府に係る工事は一八八六年に起工され、一八八九年**呉鎮守府**が開庁、同時に造船部（のちの造船廠）が設置された。造船部設置時点では、造船の中心は神戸にあった小野浜造船所であったが、呉鎮守府開庁後も呉での造船施設に係る工事は進められ、一八九一年にはドックをはじめ小艦艇の建造、修理に必要な設備が完成して操業を開始した。日清戦争では損傷した艦艇の修理で中心的な役割を果たし、一八九七年には初めて軍艦を建造、日露戦争までに巡洋艦や砲艦などを建造してその実務能力を高めていった。この間、火砲を製造する機関（造兵）や艦船搭載窯など機械を製造する機関（造機）、兵器に使用する鉄鋼製造を担う機関や設備も呉とその周辺に設置され、一九〇三年には造船廠と造兵廠の両部門が統合されて呉海軍工廠が設立された。

呉海軍工廠は日露戦争においてもその造修能力を発揮、一九〇五年には国産初の装甲艦（巡洋艦）「筑波（つくば）」「生駒（いこま）」二隻を同時に着工できる能力を備えていた。日露戦争後も一九一一年には当時世界最大といわれた戦艦「安芸（あき）」、一九一五年（大正四）には世界初の三万トン級の戦艦「扶桑（ふそう）」を建造、これにあわせてドック、船台その他の造船、造兵設備の拡充が行われて、東洋一と呼ばれるほどの規模を有するようになった。その後も呉海軍工廠は戦艦「大和（やまと）」を建造するなど多くの艦艇を手がけ、日本海軍艦艇建造の中心地へと成長した。

また、先進先端技術を駆使した艦艇建造は、先端技術をもつ技術者が呉に集まる契機ともなった。イギリス、フランス、アメリカなどの先進国から製造機械や艦艇、兵器を購入するとともに、それらの国から技術教育者が派遣され、技術の習得が進められた。また工廠内には一九一八年に職工教育機関である職工教習所や一九二八年(昭和三)に**技手養成所**が設立され、海外からもたらされた先進的な技術は一般的な職工にも広く習得されることとなり、各地の海軍工廠を担う優秀な人材が育成された。

呉鎮守府や呉海軍工廠の活動を支える水道などの施設の整備も進められ、一八九〇年(明治二十三)には西日本初の浄水場である宮原浄水場(一部が国登録)や二河水源地(一部が国登録)をはじめとする呉鎮守府水道が竣工、その後も、呉海軍工廠の旺盛な上水需要を賄うため、本庄ダム(**本庄水源地堰堤水道施設**、重文)、二級ダム(呉市)や戸坂取水場(広島市東区)など、呉とその周辺で海軍や県による水道施設の建設、設置が繰り返された。

軍港都市の形成がもたらした暮らしへの影響

城下町の形を維持しつつ軍都を形成した広島とは異なり、呉湾を中心とした軍港都市は、宮原村、和庄村や荘山田村といった近世以前から形成されてきた在地の社会構造を一変させた。とくに、宮原村においては周辺地域の交易の場でもあった呉町にあたる部分を中心とする範囲が海軍用地として買収され、一〇二三戸の住民が立ち退きを命じられた。そのなかには、宮原村・和庄村・荘山田村三村の総氏神である亀山神社の移転も含まれ、この亀山神社が鎮座していた入船山(市史跡)に軍政会議所兼水交社が建てられたことは、呉の軍港都市の形成のありさまを象徴的に示しているといえる。一八八六年(明治十九)頃製作されたと推定される「**呉軍港全図**」には、呉湾岸の大半を占める海軍施設用地

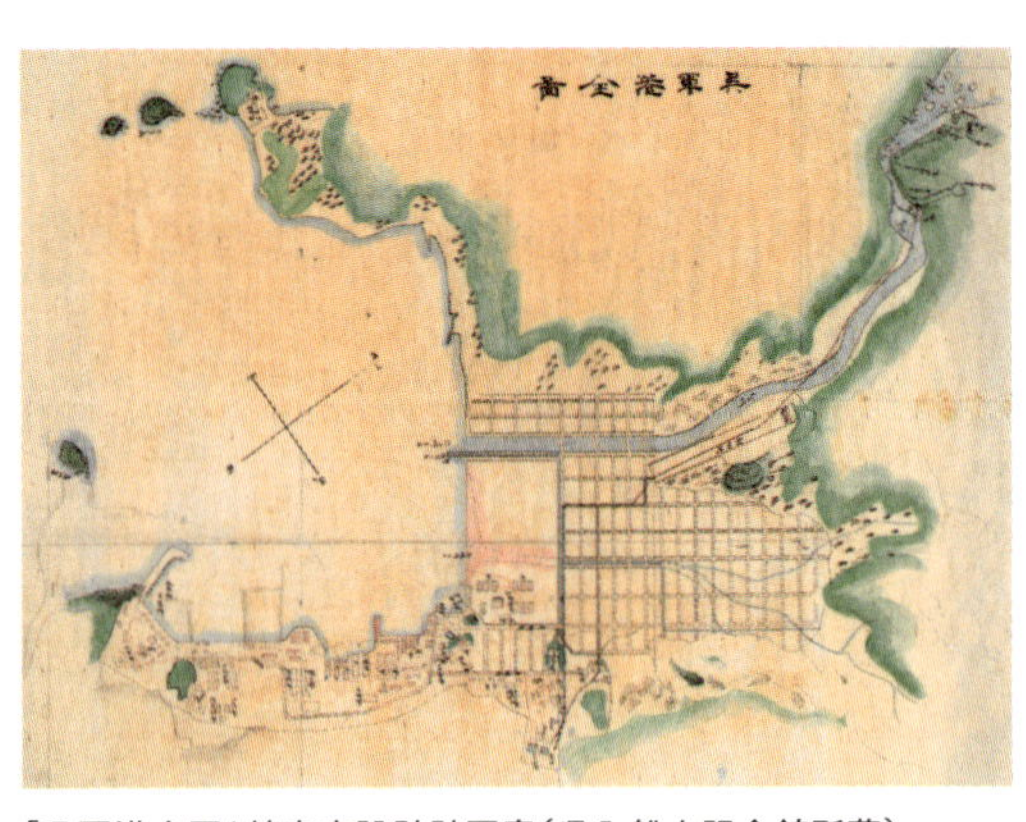
「呉軍港全図」鎮守府設計計画案（呉入船山記念館所蔵）

や内陸部に碁盤目状に展開する新市街地の建設計画が描かれており、呉の市街地建設が海軍の事情を中心にまったく新たに立案されたことがわかる。呉浦での農業や漁業は事実上不可能となり、地域住民の生活に深刻な影響を与えることとなった。

一方、呉鎮守府や呉海軍工廠を中心とする海軍の需要は呉近郊での農業その他の生産に刺激を与えるとともに、新たな製造業を興す契機ともなり、呉周辺での民間造船所や清酒醸造業開業などに結びついた。

また、呉鎮守府開庁を契機として計画され一九〇三年に開業した呉線（海田市（かいたいち）―呉間）をはじめ、路面電車（一九〇九年開業）、電気（一八九九年）、ガス（一九一二年〈大正元〉）や平原（ひらばら）浄水場（一部が国登録）をはじめとする呉市上水道（一九一八年通水）、医療機関や住宅など、呉鎮守府と呉海軍工廠の存在が人々の生活基盤の整備を促し、呉とその周辺は近代都市として急速な発展を遂げた。一九〇二年（明治三十五）には県内三番目の市として呉市が誕生する。

一方、呉鎮守府が開庁した一八八九年に約二万人だった呉市域の人口は、一九四三年（昭和十八）には約四〇万人にまで急激に増加し、土地の価格や借家の家賃の高騰を招いた。平地だけでは住宅の確保が間に合わず、住宅地は郊外のさらに危険な高地部へと造成が進められ、**階段住宅**とも呼ばれる、独特の景観を形成するに至った。平坦部の狭い場所にも急激に人口が集中しており、土地の高騰が住環境の悪化に影響していたことがわかる。のちに、工場誘致を図ったが海軍施設との調整ができずに断念したという逸話も伝わり、海軍が呉市の発展の阻害要因となる場合もあったようである。

両城地区の階段住宅(呉市提供)

しかし、海軍が呉市に今日の近代産業の確立のみならず、商業の発展や先進的な文化の流入をもたらしたのは事実であり、一九〇七年(明治四十)までには中央勧商場(かんしょうば)をはじめとして八カ所の勧商場が設置され、商業の近代化が進んだ。さらに昭和初期頃になると、中通(なかどおり)を中心とする盛り場には、地方都市には珍しいモダンな喫茶店、豪華な設備を誇る料亭、カフェー、映画館、洋装店、レストラン、パン屋、ビリヤード場などが所狭しと並んでいたといい、こうした繁栄のなかで、軍港都市としてのアイデンティティを形成していった。

(荒平)

旧広島陸軍被服支廠倉庫施設

➡P23

原爆に耐え、軍都の歴史を今に伝える最大級の建物

日露戦争後の軍拡期に広島陸軍被服支廠構内に建設された四棟の倉庫群。一九一四年(大正三)竣工。鉄筋コンクリート三階建て、切妻造り平入り桟瓦葺きで正面に陸屋根の下屋を配している。鉄筋コンクリートの柱、梁、スラブなどにレンガ造りの壁や控壁などを組み合わせた構造で、カーン式鉄筋、コンプレッソル杭など当時の先駆的な技術が用いられている。現存する鉄筋コンクリート建築では最古級であり、過渡期の様相を示す。原爆投下後、被爆者の臨時救護所に充てられ、ここでの惨状が峠三吉の詩や数々の被爆証言で伝えられている。

3号棟(旧11番庫)(広島県提供)

DATA

重文 広島市南区出汐

呉市海事歴史科学館(大和ミュージアム)

➡P22

戦艦「大和」を生んだ軍港呉の歴史を体感

明治以降の日本の近現代史の縮図ともいえる、呉の歴史や近代化の礎となったさまざまな科学技術を貴重な実物資料を交えて紹介している。

呉鎮守府の開庁を契機として、急速に進められた海軍工廠の拡充や軍港都市への変貌の歴史などをテーマに構成され、実物の戦艦「大和」を一〇分の一で再現した模型が、当時の軍港としての科学技術の高さを体感させる。四階のテラスや隣接する大和波止場からは、かつて東洋一とも呼ばれるほどの設備を誇った呉海軍工廠が広がっていた呉湾を一望できる。

戦艦「大和」の模型(大和ミュージアム提供)

DATA

呉市宝町 (リニューアル工事のため 二〇二六年三月末まで休館)

広島大本営跡

→P23

広島鎮台司令部として建てられ、一八九四年（明治二十七）広島大本営に充てられた建物の跡。原爆で焼失し、現在は花崗岩の長石で築かれた建物の基礎や礎石、石碑が残されている。

DATA 国史 広島市中区基町

旧広島陸軍糧秣支廠建物

→P23

宇品陸軍糧秣支廠缶詰工場の建物の一部。一九一一年（明治四十四）竣工、レンガ造り二階建て寄棟造り、正面に車寄せを置き、屋根を鉄骨トラスで支える。洋風レンガ建築の貴重な遺例である。

DATA 市指定 広島市南区宇品

広島湾要塞三高山堡塁砲台

→P23

広島および呉を含む一帯を防御する要塞の一部として構築された砲台などの遺跡。一九〇三年（明治三十六）竣工。安芸灘と宮島水道入口を望む高所にペトンなどで造られた砲座、観測所などが残る。

DATA 江田島市沖美町

本庄水源地堰堤水道施設

→P22

呉に軍用水を給水するために海軍が一九一八年（大正七）に建造し、建造当時は東洋一といわれた、大規模な水道施設。石張りの美しい外観と高い施工精度をもち、今も水道施設として稼働している。

DATA 重文 呉市焼山北

海軍技手養成所跡

→P22

旧呉海軍工廠敷地内、「アレイからすこじま」の近くに、海軍技手養成所や職工教習所の跡がある。現在、跡地には石碑が建てられ、戦後の「ものづくりのまち」の礎となった歴史を今に伝えている。

DATA 呉市坪ノ内町

陸軍造兵廠忠海製造所跡

→P22

大久野島で毒ガスを生産していた軍の工場の跡。一九二九年（昭和四）から四四年頃まで量産を続けていた。現在、発電場跡、貯蔵庫跡などが残され、毒ガスによる加害と被害の歴史を伝えている。

DATA 竹原市大久野島

10章 「国際平和文化都市」広島

一九四五年（昭和二十）、一発の原子爆弾により広島の町は灰燼に帰した。「七五年は草木も生えぬ」といわれたが、戦後、広島は奇跡ともいえる復興を遂げ、国際平和文化都市として成長を続け現在に至る。しかしその道筋は、広島に住む人々の知られざる苦難とともにあった。

一九四五年（昭和二十）八月六日

一九四五年八月六日月曜日午前八時十五分。アメリカ合衆国所属のB29爆撃機エノラ・ゲイ号が、広島市中心部に原子爆弾「リトルボーイ」を投下した。人類史上初となる、人々の暮らす都市に対する核攻撃が行われた瞬間である。全長約三メートル、総質量四・四トンの一発の原子爆弾は、広島城とともに発展を続けてきた町と、そこに暮らす人々の命を残酷に奪い去った。正確な犠牲者数は不明とされるが、放射線による急性障害がいちおう収まったといわれる、同年十二月末までに約一四万の命が失われ、原爆投下後の入市被爆者も含めると、五六万もの人が被爆したと推計されている。

被爆直後の広島市中心部は惨劇を極めた。瓦礫（がれき）と化した市街地、一命は取り留めたものの負傷して血だるまになった人々、襲いかかる火炎。被爆者の証言や、平和記念資料館・国立広島原爆死没者追

被爆後の広島(林重男撮影、平和記念資料館提供)

悼平和祈念館に収蔵されるさまざまな史料、原爆ドームをはじめとする被爆建造物、原爆文学と呼称される原民喜・大田洋子・峠三吉らの作品などは、そのような事実と記憶を伝えつづけている。救援にあたった陸軍船舶司令部麾下部隊(通称暁部隊)将兵、被爆三日後に己斐(現西広島)から西天満町(現天満町)の短区間ながら、市内電車の運行を再開した広島電鉄職員、配給課長として乾パンや握り飯を配り、のちに原爆市長と呼ばれる浜井信三など、懸命に人の命を救い、町の機能を回復させようと尽力した人々の逸話は、官民問わず数えきれない。

広島平和記念都市建設法――復興に向けた転換点

被爆の惨状と混乱のなかにあって、広島市民は徐々に焼土へ戻り、バラックの建設、闇市での食料などの購入、学校の再開など、日常生活の再建に動きだした。広島市としての復興計画についても、戦後ただちに議論が始まり、広島をどのように復興していくかを論点として、行政側だけでなく、民間からもさまざまな案が提起された。一九四六年(昭和二十一)～四八年まで運営された復興審議会(全二二回)では、市長の私的な諮問機関という自由な雰囲気のもと、被爆前から問題になっていた広島駅移転計画や土地のかさ上げなども含め、活発な議論が交わされている。

これらの案をふまえつつ、広島市は一九四六年に公布された、特別都市計画法の規定による広島戦災復興都市計画を取りまとめた。広島戦災復興都市計画は、広島を平和文化都市、中国地方の中枢都市として復興させるという方向に沿って、公園・道路・河川によって緑の防災都市をつくるという姿勢のもとで立案された。とりわけ、爆心地に近く一瞬のうちに潰滅した中島（なかじま）地区周辺での平和記念公園建設と、のちに平和大通りと呼ばれる大幅員道路建設、河岸緑地整備は、復興都市計画の中核をなす事業であった。当然、個々の事業の必要性や規模をめぐってはさまざまな意見が示され、なかでも戦前の広島を代表する繁華街であった中島地区のあり方については、商業地区としての復興を望む声も強かったが、これらの意見に対しては関係者によって慎重に議論が重ねられていった。

このようにして、広島戦災復興都市計画は、市民の理解や審議会などの承認を経て確定され、これをもとに区画整理事業などが事業決定されていったが、その実施にあたっては、被爆後の広島市の財源逼迫（ひっぱく）をはじめとする諸事情によって、計画どおりには進行しなかった。

この行き詰まりを打開するために制定されたのが、広島平和記念都市建設法である。多くの人々の尽力により、施行されたばかりの日本国憲法の規定による特別法として、同法は一九四九年国会を通過、その後、住民投票で賛成多数を得て成立した。

広島平和記念都市建設法は、新たな広島を「恒久平和を象徴する平和記念都市」として建設することを目的として制定され、広島市に対し平和記念都市建設を義務づけるとともに、国などによる援助、助成が規定された。同法の成立をもって、広島戦災復興都市計画による事業は、広島平和記念都市建設事業として具体化、進展することになった。

広島平和記念公園──世界恒久平和を祈念して開設

平和記念公園(広島市広報課提供) 国名

この広島平和記念都市建設法が規定する「恒久の平和を記念すべき施設」として設置されたのが**平和記念公園**(名勝)である。原爆死没者の慰霊と世界恒久平和を祈念する都市公園として開設された。

その面積は約一二万二一〇〇平方メートルに及び、公園区域は、元安川と本川に囲まれた中島地区とその対岸の原爆ドーム周辺にわたっている。公園区域の北側、相生橋近くには原爆ドーム(史跡・世界文化遺産)が保存され、原爆ドーム対岸の中島地区には一九五二年(昭和二十七)竣工の原爆死没者慰霊碑(広島平和都市記念碑)・原爆供養塔・原爆の子の像をはじめとする三五基の慰霊碑や記念碑・原爆の惨状を後世に伝える**広島平和記念資料館**(一九五五年竣工)をはじめとする建物が、緑のなかに配置されている。

平和記念公園全体の中軸線は、原爆ドームから公園南側の平和大通りに向けた垂線上に設定され、その垂線上に原爆死没者慰霊碑(広島平

1954年の平和記念式典(広島市公文書館所蔵提供)

和都市記念碑)、広島平和記念資料館や広場を配置し、平和記念資料館のピロティーから原爆死没者慰霊碑のアーチを経て、原爆ドームを通視することで、原爆死没者の慰霊と、世界恒久平和への願いを表現することが企図されている。このグランドデザインを描いたのが丹下健三である。

平和記念公園は一九五〇年に整備が始まり、一九五五年には主たる施設が竣工した。しかし、この時点では立ち退きを迫られている民家が公園区域内に数多く残っており、民家の撤去が完了するのは一九五九年を待たねばならなかった。

この平和記念公園で忘れてはならないのが、広島市原爆死没者慰霊式並びに平和祈念式、いわゆる**広島平和記念式典**である。広島平和記念式典は原爆死没者の霊を慰め、世界の恒久平和を祈念するため、八月六日に原爆死没者慰霊碑の前で開催される式典である。

世界に恒久平和への願いを訴える取り組みは、一九四七年広島市主催の広島平和祭に始まる。このとき、市民による平和への意志として、初の平和宣言が浜井信三市長によって読み上げられた。

その後、一九五二年に原爆死没者慰霊碑が完成し、原爆犠牲者五万七九〇二人の過去帳が納められると、広島平和記念式典は、現在と同じく原爆死没者慰霊碑の前で開催されるようになる。一九五四

建設途上の平和大通り(迫幸一撮影、迫青樹所蔵、広島市市民局文化スポーツ部文化振興課提供)

年には二万人を超える市民が参列、広島平和記念資料館をはじめとする諸施設が完成した一九五五年以降はさらに規模が拡大され、市民の慰霊の場として定着した。

現在の平和記念公園には、二〇一六年(平成二十八)のアメリカ合衆国バラク・オバマ大統領の広島訪問や二〇二三年(令和五)に開催されたG7広島サミット(第四九回先進国首脳会議)の影響も相まって、国内外から多くの人が訪れており、また、平和記念式典では、慰霊や平和に対する変わらぬ祈りが捧げられている。

平和大通り
―平和記念都市の理念を象徴する道路

一九四六年(昭和二十一)十二月に公表された「広島復興都市計画主図」には二四路線、全長約八二キロにわたる道路が記されている。そのなかでも印象的なのが、広島三角州の中央を東西に貫く大幅員道路―現在の平和大通り―である。

平和大通りは、広島市道比治山庚午線のうち、東の鶴見町から平和記念公園南側を経て、西の福島町に至る全長約四キロの区間を占める公園道路であり、幅員が一〇〇メートルあることから「百メートル道路」とも呼ばれている。中央に四車線車道、その両側

平和大橋（広島市提供）

に緑地や副道と歩道が配置され、緑地のなかにはさまざまな慰霊碑・モニュメントや石灯籠などが配置されている。

平和大通りの建設は、一九四六年に広島市中心部の小町付近での整地作業から始まった。前述したとおり、平和大通りは広島復興都市計画の主要事業に位置づけられ、その後、一九五二年策定の広島平和都市建設計画では、広島市中心部における道路網の基準軸に位置づけられた。

一方、その建設にあたっては、市民から激しい批判が巻き起こり、なかでも『夕凪の街と人と』を著した大田洋子の批判が有名となった。このような批判的意見の高まりもあって、一九五五年の広島市長選挙では、平和大通りを含む広島平和都市建設計画も争点の一つとなり、平和大通りや公園など都市計画の再検討を訴えた渡辺忠雄候補が、浜井信三市長を破る結果となった。

しかし、渡辺市長の就任後、公園など広島平和都市建設計画の一部の見直しは行われたが、平和大通りの建設は公約と異なる形で進められることになる。そこで展開されたのが、一九五七年から五八年にかけ、県内市町村に対し、平和大通りや平和記念公園の緑地整備に充てる樹木の提供を呼びかけた供木運動である。広島市の緑化推進本部による「広島の地を永遠の緑でおおわれた平和郷に」とのメッセージは人々の共感を集め、約二年の間に、平和大通りは、緑に包まれた道路に姿を変えることとなった。

この平和大通りを構成する五本の橋梁(きょうりょう)(全線開通時は三本)のうち、とくに人々の注目を集めたのが、日系アメリカ人彫刻家イサム・ノグチが欄干をデザインした**平和大橋**と西平和大橋である。平和大橋は平和記念公園の南東、元安川に架かり、西平和大橋は平和記念公園の南西、本川に架かる橋梁であり、両橋梁ともに一九五〇年起工、五二年に竣工している。いずれも平和大通りを通り、平和記念公園へ移動する際の入口となる橋梁として、平和記念公園や平和記念資料館と調和したデザインが求められ、イサム・ノグチは東の平和大橋では「東から昇る太陽＝生」を表現し、西の西平和大橋では「西に沈む夕日＝死」を表現したといわれている。

このようにさまざまな事情や経緯を経て、平和大通りは一九六五年全線開通した。終戦直後の日本において、幅員一〇〇メートルの道路を建設する復興計画は、全国二四カ所で立案されていたが、実現したのは名古屋と広島の二カ所だったことを考えると、その実現の背景には、平和への思いを形にするという市民の意志と、それを支援しようとする人々の思いが存在したことは間違いない。また、供木運動にもとづく都市緑化の姿は平和記念都市を象徴するといわれるが、その姿は「平和」の一語では語りつくせない、焼土からの再生復興に向けた広島の人々の、さまざまな思いの上に成り立っていることを忘れてはならない。

(中道)

広島平和記念資料館

広島平和記念公園の中心施設

↓P23

原爆資料館、平和資料館ともいう。一九五一年(昭和二十六)着工、一九五五年開館。鉄筋コンクリート造り、二階建て(一部三階建て)で高さ一六・八メートル、東西八二・三メートルに及び、一階にピロティーが設けられている。実施設計は丹下健三。

原子爆弾の惨禍を世界にアピールするため被爆資料を収集、保管、展示する目的で、広島平和記念都市建設法にもとづき建設された平和記念施設であり、都市景観と一体となった建築物として構想された。国際的に高い評価を受けた最初の戦後建築でもある。

広島県観光連盟提供

DATA

重文 広島市中区中島町

世界平和記念聖堂

被爆都市広島における戦後復興建築の先駆的建築

↓P23

キリスト教カトリックの教会堂。一九五〇年(昭和二十五)定礎、一九五四年献堂。鉄筋コンクリートの柱梁フレームにコンクリートレンガを充塡する。三廊式バシリカ様式で、堂頂の鳳凰、正面の欄間型格子や開口部の意匠など、随所に和の要素が取り入れられている。設計は、建築家の村野藤吾による。

広島で被爆したフーゴ・ラッサール司教が中心となり、原爆犠牲者を弔うとともに全世界の友情と世界平和を祈念する場として、カトリック信者をはじめとする世界中の人たちの共感と支援を集めて建立された。

カトリック広島司教区提供

DATA

重文 広島市中区幟町

供養地蔵菩薩

→P22

一九四五年(昭和二十)七月一日の呉空襲による犠牲者を追悼する像。一九五〇年有志によって建立された。この像のほかにも、呉市とその周辺には空襲による犠牲者を追悼する碑が建てられている。

DATA 呉市本町（寺西公園）

福山市戦災死没者慰霊碑

→P18

一九四五年(昭和二十)八月九日の福山空襲による犠牲者の冥福を祈り平和を祈念するために建立された像。一九七二年建立。空襲で犠牲となった母と子の目撃証言をもとに制作された。

DATA 福山市霞町（中央公園）

ばら公園

→P18

一九五六年(昭和三十一)から一九五七年にかけて、市民によるバラの植栽活動を契機として整備された都市公園。福山市と市民が一体となり、一九六五年にほぼ竣工した。

DATA 福山市花園町

武智丸（防波堤）

→P22

コンクリート製の第一および第二武智丸二隻(一九四四年〈昭和十九〉竣工)を利用した防波堤。漁協組合長が奔走、一九五〇年竣工した。粗朶沈床の上に砂を敷いて船体を据え、捨て石で固定している。

DATA 呉市安浦町

圓鍔勝三作「朝」

→P23

山陽新幹線全線開通(一九七五年〈昭和五十年〉)を記念して、広島駅北口に建立されたブロンズ像。一九七九年設置。三人の群像によって広島の躍進や明日への希望を表しているという。

DATA 広島市南区松原町

平櫛田中作「五浦釣人」

→P18

山陽新幹線全線開通(一九七五年)を記念して、福山駅前に建立された像。一九七五年設置、作者が寄贈したもので、碑文には岡倉天心をモデルにした会心の作であると刻まれている。

DATA 福山市三之丸町

11章 広島県と民俗

広島県には、特色ある祭礼行事、民俗芸能、風俗習慣や民俗技術が数多く伝えられている。この章では、これらの民俗文化財のうち、県西部でとくに盛んな「神楽」と、瀬戸内海沿岸の文化を語るうえで欠かせない要素の一つである厳島信仰に焦点を絞り、事例を紹介する。

広島県内で行われるさまざまな神楽

広島県内の無形民俗文化財に注目したとき、見逃せない存在が神楽である。そもそも広島県は神楽が盛んな地域の一つで、神職や地域住民とともに、約三〇〇もの神楽団が、神社の秋祭りをはじめ、神社とは異なる会場や、イベントなどさまざまなシーンで活動している。県民のみならず国内外の観光客が、神楽の魅力に接することのできる環境も整えられており、「比婆荒神神楽」(庄原市)をはじめ、国や地方自治体によって、無形民俗文化財などに指定され、保護されている神楽も多くみられる。

広島県内の神楽はおおむね「芸北神楽」「安芸十二神祇」「芸予諸島の神楽」「備後神楽」「比婆荒神神楽」の五つに分類できるといわれている。これらの神楽は互いに共通する要素があるいっぽう、「芸北神楽」を「演劇的」、「安芸十二神祇」「芸予諸島の神楽」を「芸能的」、「備後神楽」「比婆荒神神楽」

を「祭儀的」といったように、その違いが指摘されることもあり、各神楽の演目や、そのほかの内容は多岐にわたっている。

芸北神楽、安芸十二神祇と荒神神楽

芸北神楽

「演劇的」と評され、今や、広島の伝統文化の象徴の一つとして、全国へ積極的に発信されているのが「**芸北神楽**」である。「芸北神楽」は、江の川上流域から太田川上流域にかけての一帯、芸北地域で舞われている神楽であり、旧舞の「高田神楽」「山県神楽」と新舞の「新作高田舞」に大別できる。

旧舞の一つ、安芸高田市で行われる「高田神楽」は、速い八調子の神楽で、一九世紀初頭に阿須那地域(島根県邑南町)から伝えられたことから「阿須那手」とも呼ばれる。もう一つの旧舞である、山県郡を中心とする「山県神楽」は、同じく一九世紀初頭に矢上村(同)から伝えられたことから「矢上神楽」とも呼ばれ、緩やかな六調子で舞われる。いずれも島根県西部、石見地域との交流のなかで発展を遂げたものである。

一方、「新作高田舞」は、一九四七(昭和二十二)〜四八年頃、安芸高田市美土里町で佐々木順三により、演劇性の高い新たな神楽として創られたことから「新舞」と呼ばれる。鬼や大蛇を退治する演目に顕著だが、八

「荒平」阿刀神楽（阿刀神楽団提供）

調子という速いテンポ、金糸銀糸が縫い込まれた神楽衣装、噴き上がる火花や投げつけられる紙糸といった派手な演出が人々を魅了している。なお、こうした芸北神楽の派手な鬼退治の舞の原形が、「安芸十二神祇」の演目の一つ「**荒平**」（「関（世鬼）」）ではないか、との指摘もある。

その「安芸十二神祇」は、太田川中・下流域から広島湾西部にかけての地域で盛んに行われる神楽である。一九世紀初頭に始まったといわれ、『日本書紀』に登場する天神七代、地神五代を合わせた「一二」という数字を重んじ、一二の演目を奉納することからその名が付けられた。原神楽（廿日市市原）・**阿刀神楽**（広島市安佐南区沼田町）などが有名で、それらの演目のなかには中世神楽の面影を伝えるといわれる「荒平」や、神がかりあるいは託宣という古い神楽の様式を残す「将軍」（「天台将軍」）など、貴重な舞が伝承されている。

「芸予諸島の神楽」「備後神楽」、広義の「比婆荒神神楽」は備後地域を中心に、瀬戸内海沿岸から中国山地に及ぶ神楽を分類したものである。これらは荒神信仰を基底に、王子神楽（五行祭）や折敷舞など、王子信仰、陰陽道や修験道などの要素を感じさせる演目を加え発展した神楽で、一九世紀初頭に記された地誌類にみえる「剣舞」などは、江戸時代以来の要素を多く残している。なかでも広義の「比婆荒神神楽」の歴史は古く、一七世紀初頭の神楽能本(宮脇杤木家文書〈庄原市重要文化財〉)をはじめ、今の荒神神楽の原形となる「湯立」「浄土神楽」「荒神舞」といった舞が、一六一二年(慶長十七)頃に舞われていたことを記す史料が保存されている(艮神社文書〈庄原市重要文化財〉)。

この広義の「比婆荒神神楽」は備中神楽と同様、名という小さな集落単位で行われる神楽で、そもそも死後三三年を経た死霊が、祖霊に加わる儀式として行われたという。かつては四日四夜の前神楽・本神楽・灰神楽のなかで、五度の神遊びが行われたが、そこでは死霊と祖霊の存在が意識・区別されたことが指摘されている。

現在における「比婆荒神神楽」(庄原市)や、「比婆斎庭神楽」(同)は、一七世紀初頭の史料が伝える内容を基に、吉田神道による浄土神楽などの整理、一八世紀初頭に備中で誕生した神楽能の受容といった変遷を経て成立したと考えられている。いずれも「国譲り」など、出雲神楽に通じる要素を伝えるいっぽう、「比婆荒神神楽」には、吉備津彦に係る「吉備津の能」など備中神楽と共通する要素もみられ、県北東部と出雲や吉備との文化的交流の一端を今に伝えている。

厳島と厳島神社にまつわる無形民俗文化財

広島湾に浮かぶ厳島(通称宮島)には、現在も、杓子をはじめとする「宮島細工」、「宮島おどり」「田面船」や「萬燈会」など多様な民俗文化財が伝えられている。そのなかでもとくに大きく、多くの人を魅了しているのが、厳島神社が伝える「舞楽」などの芸能や、「御鳥喰神事」の行われる「御島廻式」

管絃祭(広島県提供、厳島神社承諾)

や「玉取祭」「鎮火祭」といった祭礼で、その祭礼のなかでも重要といわれるのが「管絃祭」である。

管絃祭は、神社に祀られる三柱の女神(市杵島姫命・田心姫命・湍津姫命)を慰めるため、御祭神を御座船へ遷し、管絃を奏でながら夜の瀬戸内海を巡幸するもので、日本三大船神事の一つに数えられる祭礼である。旧暦六月十七日の夕方に、厳島を出た御座船は、管絃を奏しながら対岸の地御前神社へ向かう。祭典後は、厳島へ戻り、長浜神社と大元神社を廻った後、厳島神社に帰ってくるわけだが、月に照らされた瀬戸の海に響く管絃の音や、御座船を三匝させるなどの卓越した操船技術は、多くの人々に感動を与えている。現在は、御鳳輦へ御祭神の御分霊を遷し、御鳳輦を乗せた御座船で海上渡御を行っているが、厳島神社によると、この形態は一八八二年(明治十五)以降のことで、それまでは海上の管絃船から神々へ管絃を捧げる形だったという。

「**江波の漕ぎ伝馬**」や「**阿賀のお漕船**」は管絃祭に係る無形民俗文化財で、いずれも御祭神を乗せた御座船を曳くという重要な役割を担っている。一七〇一年(元禄十四)、暴風雨で転覆しそうになっていた厳島神社の管絃船を、九州からの帰途にあった江波の古川屋伝蔵が、船から下ろした伝馬船と、付近で漁をしていた阿賀の岡野一族の鯛網船が救助したことから、それ以降、江波と阿賀の船が厳島神社管絃祭の**管絃船**を曳航することになったと伝えられている。また、御祭神を乗せる御座船は、宝永年間以降、倉橋島で建造され奉納されることとなっており、このほか、地御前神社から先導する地御前の船、大鳥居近くで目印を掲げて待つ江田島の船（田頭家大提灯献灯行事〈江田島市〉）など、広島湾全域に管絃祭をめぐるネットワークが形づくられている。

管絃船（広島県提供、厳島神社承諾）

「江波の漕ぎ伝馬」が用いる伝馬船は、現在は左右各七本の櫂と、舵の役割をする大櫂一本で操船され、おもに五枚（船底、左右の側板、上下二枚ずつ）の板によって形づくられる。「阿賀のお漕船」で用いる船は鯛網船に由来する二隻一組の船で、それぞれの船に六丁の櫓を備えた作りになっている。市指定有形民俗文化財「厳島神社管絃祭御座船」（呉市倉橋町）の三艘は昭和時代に建造されたのち、役目を終えて倉橋町へ寄贈されたものである。

管絃祭に関わる祭礼行事と厳島伝承

管絃祭とそれに関連する祭礼行事は、国や地方自治体による指定の有無が、文化財のもつ歴史的価値と、必ずしも関係しないことを示す好例である。

管絃祭はかつて広島県最大の祭りといわれ、芸予諸島や四国の瀬戸内海沿岸地域をはじめとする人々が厳島に集う日だった。そして管絃祭の前後には、各地に鎮座する厳島神社をはじめ、縁のある場所で、管絃祭にまつわる祭礼や行事が行われてきた。

たとえば原爆投下以降なくなってしまった風景だが、広島市中心部では、現在の平和記念公園に鎮座していた厳島大明神や、橋本町の厳島神社は多くの人でにぎわい、川には御供船が姿を見せ、白島九軒町の河原では松明が振られていた。また、瀬戸内海沿岸部で現存する事例としては「おかげんさん」(江田島市江田島町)、「柏島の管絃祭」(呉市安浦町)、「木江十七夜祭」(大崎上島町)、「高根厳島神社の管絃祭」(尾道市瀬戸田町)、「岩子島厳島神社の管絃祭」(尾道市向島町)、「重井厳島神社の明神祭」(尾道市因島重井町)などのほか、県北の山間部においても「**八重管絃祭**」(北広島町、町無形民俗)をはじめ「亀尾山神社の管絃祭」(安芸高田市高宮町)、「佐々井厳島神社の管絃祭」(同市八千代町)、「新宮神社の十七夜祭」(同市向原町)、「吉田の管絃祭」(同市吉田町)などがあり、厳島神社にまつわる信仰を現代に伝えている。

厳島神社の本社本殿には、三柱の女神(市杵島姫命・田心姫命・湍津姫命)が祀られ、その社殿は五九三年(推古元)、神託を受けた安芸国の豪族佐伯鞍職によって創建されたと伝えられている。神社に伝わる『伊都岐島皇太神御鎮座記』には、祭神が瀬戸田(尾道市)に降り、大崎上島(豊田郡)と大野(廿日市市)を経て厳島へ至った伝承が記されているが、県内には、これ以外にも厳島神社の神々に関わる伝承が数多く存在している。たとえば佐伯鞍職が、大野の瀬戸で釣りをしていると、西から紅の帆をかけた、うつぼ舟に乗った市杵島姫命が近寄ってきたといった話や、厳島明神が船ヶ原（三次市山家町）へ楠の船に乗り、川を遡ってきたという話をはじめ、筑紫の宗像から二つ子を背負ってやってきた厳島神社の神様が、ちきり（機織りに用いる道具）を池に捨て、そこを埋め立てた場所に滕池神社（大竹市木野）が建っているという話、宮島さんが出雲大社からの帰り道、急に産気づいて産まれた子供を祀る亀尾山神社など、各地でさまざまな伝承が語り継がれている。こういった伝承が、厳島神社やそれにまつわる祭礼・行事や文化財を支えている側面があることは見逃しがたい。

その土地で培われた歴史や文化にアプローチする一つの手段が文化財である。本章では、そのなかでも無形民俗文化財に注目することを勧めてきたが、それはあくまで一つの入口にすぎない。指定などの措置がなされていない、歴史や文化を伝える文化財は多数存在している。文化財を目印にし、そこから範囲を広げることで立体的な学びを重ねることができるのではないだろうか。

（中道）

八重管絃祭（北広島町教育委員会提供） 町指定

江波の漕ぎ伝馬

→P23

華麗な飾りと勇壮な操船

管絃祭で御座船を曳航する船のうち一艘が江波の漕ぎ伝馬である。江波の漕ぎ伝馬は、管絃祭の朝、御座船を曳いて大鳥居をくぐり、その際、廻廊東側の枡形で三回取り回す。その後、夕方には、阿賀の船とともに御座船を対岸の地御前神社まで曳航、夜、御座船が還御するまで供奉する。この間、朝と夜の枡形での船回しなど、華麗な技が披露される。

管絃祭前日は太田川(本川)を遡り、ゆかりの地を巡る習わしがあり、旧暦六月二十九日夜、管絃祭に倣い行われる地元の衣羽神社の火祭り(オットーラン)にも姿を見せる。

広島県観光連盟提供、厳島神社承諾

DATA
市指定（重要無形民俗）　広島市西区江波

阿賀のお漕船

→P22

華麗な管絃祭を支える、地域の貴重な文化財

阿賀のお漕船は、管絃祭で御座船を曳航する三艘のうちの二艘である。阿賀が二艘出すのは、かつて御座船を救った、二艘一組で操業する巻き網漁船に由来するという。管絃祭に先立ち、お漕船の漕ぎ手たちは、地元の住吉神社の祭り「とんてことん」で神社に参拝後、港で船を二回取り回したうえで厳島に向かう。

管絃祭当日は、漕ぎ手たちが御鳳輦を御座船に遷す役割と神社に戻す役割を担い、御座船に御鳳輦が動座した後、江波の漕ぎ伝馬とともに御座船を曳航、夜、厳島神社に還御するまで供奉する。

呉市提供

DATA
市指定（無形民俗）　呉市阿賀南

能地春祭りのふとんだんじり

↓P19

三月下旬、ふとんだんじりが能地の町内を練り歩く祭礼行事。だんじりに童子が乗り込み太鼓を奏でる。途中でだんじり同士のぶつかりあいもある。古い姿が残され、四国地方北部との交流を伝える。

DATA
県指定（無形民俗）　三原市幸崎町

神殿入り

↓P19

十月上旬、稲生神社で開催される祭礼行事。豊作を感謝して、夜、多数の灯明を竿に付けた大灯明を神社に奉還する。神楽奉納、神輿の御幸も行われる。夜の闇に浮かぶ大灯明が印象的な祭りである。

DATA
県指定（無形民俗）　世羅町上津田

三次鵜飼の民俗技術

↓P17

六月から九月にかけて、三次で行われる内水面漁業の民俗技術。日本一長いといわれる手縄でウを操り、アユを捕る。この地域特有の細長い木造船に、鵜匠と舵子が乗り込む。

DATA
県指定（無形民俗）　三次市十日市中

神儀

↓P16

亀鶴山八幡神社の秋祭りに奉納される民俗芸能。大幣、獅子舞、羽熊、猿田彦などを先頭に紅白の大幟を押し立てた行列が、五穀豊穣を祈り、大胴、鉦をそろえて曲を奏で、囃し踊り、練り歩く行事。

DATA
県指定（無形民俗）　神石高原町油木

ベッチャー祭り

↓P19

十一月一日から三日に行われる吉備津彦神社の大祭。鬼神「ソバ」「ベタ」「ショーキ」が獅子と練り歩き、「ささら」や「祝棒」で周囲の者を叩いたり小突くことで、御利益をもたらすという。

DATA
市指定（無形民俗）　尾道市東土堂町

二上りおどり

↓P18

江戸時代中頃に始まったといわれる、福山城下に伝わる盆踊り。踊り手は四つ竹を持ち、三味線、胡弓、尺八に鉦太鼓を加えた地方による演奏にあわせて、思い思いに練り踊る。唄はない。

DATA
県指定（無形民俗）　福山市御船町

12章 広島県と自然災害

自然災害とは暴風、豪雨、豪雪、洪水、高潮、地震、津波、噴火その他の異常な自然現象により人命、財産に被害が生じる事態であり、広島県域でも過去幾度となく発生、そのつどの復興と将来の災害に備える取り組みを積み重ねてきた。県内の自然災害と防災の試みを振り返る。

広島と火山・地震

広島県では、冠遺跡群（廿日市市）、下本谷遺跡（三次市）、和知白鳥遺跡（同）や向泉川平第1遺跡（庄原市）などの旧石器時代の遺跡で検出される姶良カルデラの巨大噴火（二万九〇〇〇年前）の火山灰をはじめ、三瓶山の噴火（一万九〇〇〇年前）、鬼界カルデラの噴火（七三〇〇年前）など複数回の火山噴火の降下物が広範囲に残され、当時の暮らしに大きな影響を与えたものと推察される。

地震活動による災害では、本県域でも、南海トラフのプレート境界で発生する巨大地震、安芸灘―伊予灘―豊後水道にかけての範囲のフィリピン海プレート内で発生する地震や陸のプレートで発生する震源が浅い地震で被害を受け、走島唐船浜の市の海没（福山市）などの伝説が形づくられてきた。

このうち南海トラフのプレート境界で発生した巨大地震である宝永地震（一七〇七年〈宝永四〉）、安政南海地震（一八五四年〈安政元〉）や昭和南海地震（一九四六年〈昭和二十一〉）では家屋倒壊、石垣崩落や津波による被害が記録され、また、フィリピン海プレート内で発生する地震のうち明治三十八年芸予地震（一九〇五年）では宇品地区をはじめとする埋立地での木造家屋の倒壊、呉鎮守府庁舎（現在の旧呉鎮守府庁舎の前身）や呉鎮守府長官官舎（現在の旧呉鎮守府長官官舎の前身）をはじめとする呉鎮守府関連施設の被災が報告され、のちの平成十三年芸予地震（二〇〇一年）でも呉を中心に擁壁や斜面の崩落その他宅地の被害が多数発生している。

このほか、岩国―五日市断層帯、長者ヶ原―芳井断層その他の本県域の活断層のうち長者ヶ原―芳井断層に関しては、断層によって条里制地割が分断された痕跡（福山市）や中世以降の地震動による液状化の痕跡（備後国分寺遺跡。同市）が指摘されている。

平成13年芸予地震による擁壁崩落被害（呉市。広島県砂防課提供）

土砂災害と河川の氾濫

県内では、崩れやすい「まさ土」や生活の場に迫る急斜面などの自然条件に、塩業その他の社会需要の圧迫による山林荒廃とこれに起因する土砂流出、河床上昇などの要因も加わり、古くから土石流、がけ崩れ、地すべりや河川の氾濫などが頻繁に発生、その恐怖は「蛇落地」伝説（広島市安佐北区八木）をはじめとする伝説伝承を各地に

土石流発生後の状況(2005年9月、廿日市市宮島町白糸川、広島県教育委員会提供)

生み出した。江戸時代にも、福島正則改易につながった一六一七年(元和三)の太田川の洪水による被害、一六二〇年(元和六)水野勝成入部直後に発生した芦田川の氾濫をはじめ、各地で気象災害が幾度となく生じ、文書や「菅波信道一代記」などの文献に記録されている。江戸時代初め、新田開発の一環で作られたため池が決壊する事例も発生、備後国分寺遺跡では一六七八年(延宝六)堂々川(福山市)のため池決壊で生じた土石流の痕跡が検出されている。

近代では、一九一九年(大正八)七月の芦田川や太田川の大洪水、一九二三年、一九二八年(昭和三)の太田川の氾濫などが繰り返された。戦争の影響で山林などが荒廃していた一九四五年には枕崎台風によって広島、呉周辺を中心とする地域で土石流や河川の氾濫が多発、「厳島」**紅葉谷川**で発生した土石流では厳島神社社殿群も被害を受けた。高度成長期にも気象災害はたびたび発生、昭和四十七年七月豪雨(一九七二年)では三次市など江の川水系流域をはじめ鞆など瀬戸内海沿岸でも土砂災害や河川の氾濫が発生、死者・行方不明者三九人、住家被害一万九二〇八棟の被害を受けた。バブル経済崩壊後の平成二十六年八月豪雨(二〇一四年)では広島市安佐北区、安佐南区を中心に土石流やがけ崩れが計一六六カ所で発生(死者七七名)、二〇一八年の平成三十年七月豪雨では県西部を中心に一二四二カ所で土石流、河川の氾濫浸水、ため池決壊などによる道路の寸断、家屋の倒壊流失その他の災害によって一一五名に及ぶ犠牲者が生じた。

高潮・豪雪・干害

県の西端は台風常襲地帯であり、台風その他の強風による被害や高潮の被害が厳島を含む瀬戸内海沿岸各地でたびたび発生している。一八〇四年(文化元)には鞆で複数の停泊船が転覆して福山藩や鞆町人たちに衝撃を与え、一八八四年(明治十七)には鞆をはじめ各地で建物や工作物が流失、損傷している。平成三年台風一九号(一九九一年)では記録的な高潮が発生して三万五三二〇棟が被害を受けたほか、電線電柱の毀損や塩害によって広範囲で停電、市民生活に影響を与えた。厳島神社も被災、本社の損傷や能舞台の倒壊などが発生している。なお、厳島神社は平成十六年台風一八号(二〇〇四年)でも本社をはじめとする社殿群が被災した。

また、中国山地では豪雪による雪害が発生している。とくに一九六三年(昭和三十八)の三八豪雪では各地で集落が孤立、これを契機として、県域北部の集落から一家を挙げて離村する動きがあらわれ、過疎化の要因となった。豪雪被害はその後もたびたび発

福山市街地の浸水被害を伝える絵葉書(1919年、広島県立文書館提供)

生、近年では文化財建造物が大雪でき損した事例も生じている。急斜面に起因する雪崩被害も石碑などで伝承されている。

このほか、干害も、一〇一八年(寛仁二)備後国の水損干損の記録に始まり、県域南部を中心に頻繁に発生して、人々の生活に影響を及ぼしている。また、かつてはコレラ、痘瘡をはじめとする疫病もたびたび大流行し、多くの犠牲者を出していた。

明治時代の水刎(安芸太田町、筆者撮影)

土砂災害・河川氾濫から生命・財産を守る

このような自然の脅威への対策は古くから講じられており、治水事業については、一六世紀末には毛利氏や小早川氏による「河除」堤防築造が記録されている。

江戸時代には、広島藩が、上流での砂鉄採取禁止措置や下流での川浚えとあわせて、城下などを護る堤防(**旭堤**〈**浅野堤**〉、三次市三次町などの例がある)や堤防を支える水制(**水刎**、太田川、西城川・木野川・和久原川などに例がある)などの水防施設を各所に設置、民間でも、一八一七年(文化十四)青盛為蔵ら村人による洪水対策と灌漑を兼ねた水路の設置(長渠の碑、呉市)などの取り組みが各地で進められた。また、福山藩も芦田川の河川流路の変更をはじめ、堤防や水制の設置、川浚えなどの治水事業を行っている。

一方、とくに治水技術の限界もあって、広島、福山両藩は、たとえば、城下など片方の堤防を強固にする、堤防の一部を意図的に弱くして洪水時に決壊させることで下流を氾濫から守る（**羽賀（はが）の砂堰（すなぜき）**〈福山市〉）など、洪水時に住民の一部に犠牲を強いる措置も採っていた。同様の措置は近代にも残ったが、住民たちは自らの生活を守る取組、協議を積み重ね、堤防強化などの対策を獲得していった。このほか、住民が設置した「助磊（たすけごうろ）」（三次市）などの避難設備も県域内に残されている。

近代になると大河川を中心に河川改修工事が進められ、芦田川では一九一九年（大正八）七月の氾濫を契機として一九二一年に河道改修工事が始まっている。太田川でも一九二三年、一九二八年の洪水をきっかけとして一九三四年（昭和九）に太田川放水路建設工事が着工され、戦争による中断を経て、一九六八年竣工（しゅんこう）した。

堂々川六番砂留（福山市、筆者撮影） 登録

治山事業については、福山藩では一六九〇年代以降、小河谷での土石流対策として多数の**石積砂留（すなどめ）**（堂々川〈福山市〉や別所〈同市〉の砂留群など）を築く工事が推進され、広島藩でも小泉川（こいずみがわ）（三原市）上流などに砂留群が整備された。

明治維新頃にはとくに瀬戸内海周辺の山林は荒廃するが、明治時代中頃以降過剰伐採が規制され、その後、一九一一年（明治四十四）からの第1期治山事業、一九三七年（昭和十二）からの第2期治山事業によって本格的に植林その他の復旧工事が進められることとなった。森林復旧は戦後も長く続けられ、山に緑が回復することとなった。また、砂防堰堤築造や修理も引き続き進められ、平成二十六年八月豪雨以降には広島市内だけで一〇六基の砂防ダムが築造された。

強風や波浪に対しては、一六九〇年（元禄三）、楢崎正員が私財を投じて築いた須波の波止（三原市）をはじめ、江戸時代中期以降は御手洗や鞆など泊地を守る波止（波戸）が築かれ、港町の繁栄に寄与した。一九七〇年代後半からは海岸の堤防や消波工などの防護施設設置が進められ、近年では、鞆や宮島などの景勝地では起伏式ゲートなどを設置することで景観への配慮と高潮対策の両立を図る取組も行われるようになった。

干害対策としては、県内では歴史的に数多くの農業用ため池が築造されている。二〇二〇年代の農業用ため池は約一万九〇〇〇カ所といわれ、その約六五パーセントは、神谷治部が築造した瀬戸池（一六三七年）、大谷池（一六三八年）、春日池（一六四二年竣工）、服部大池（一六四五年竣工）や本県最大の**国兼池**（一六四六年竣工）など、江戸時代以前の築造といわれている。

用水路も八木用水（広島市）はじめ県内各地で造られ、指定文化財だけでも「**新溝と論山堤**」（安芸高田市）、「二河（上・下）井手跡」（呉市）、「三永の石門」「中の峠隧道」（東広島市）などが残されている。

災害の後に備え、教訓を伝える

かつて、災害は凶作そして飢饉の引き金になる場合が多く、全国各地でこのような飢饉に備えた取組が行われていた。広島藩内では一七四九年（寛延二）香川正直の指導により矢野村（広島市安芸区）押込村(呉市)で飢饉に備えて穀類などを蓄える社倉が設置され、その有益であることをみて、一七七九年(安永八)藩として町村に社倉法の実施を命じている(「三次社倉」〈三次市〉、「**下筒賀の社倉**」〈安芸太田町〉、「大浜の社倉」〈呉市〉、「福田の社倉」〈竹原市〉)。福山藩では天明の大飢饉を受けて一七八八年(天明八)大戸直純らが府中社倉を設立、その後、一八〇四年(文化元)、藩内有志によって飢饉などに備えた民間救済組織「義倉」が設立され、災害や凶作のたびに救恤その他が行われた。

災害の犠牲者を悼み、自らの経験を後世に伝承する試みは本県域でもみられ、伝説のほか文献、絵葉書や**石碑**が残されている。とくに、二〇〇〇年代から二〇一〇年代に、全国的に災害伝承の重要性が見直されると、県内の平成二十六年八月豪雨や平成三十年七月豪雨などの被災地でも、地域の災害の教訓をわかりやすく後世に伝える施設(広島市豪雨災害伝承館など)が整備され、住民による活動がよりいっそう進められている。

(白井)

下筒賀の社倉(安芸太田町。筆者撮影) 県指定

明治40年7月豪雨災害に係る石碑(右)と、明治40年7月豪雨災害から平成30年7月豪雨までの災害を記録する「坂町水害碑」(左)(坂町自然災害伝承公園内。筆者撮影)

紅葉谷川庭園砂防施設

↓P23

防災と景観への配慮を調和させた施設

厳島神社の背後、天然記念物「瀰山原始林」から流下する紅葉谷川に設置された砂防施設。全長六八八メートル。昭和二十年枕崎台風からの災害復旧工事として一九四八年(昭和二十三)着工、一九五〇年に竣工した。

名勝の自然景観を守るため、砂防と庭園の専門家が協働して工事にあたり、流入した巨岩や周囲の木をそのまま巧みに利用し、低い複数の段差を設け、コンクリートは野面石で隠すなどの工夫がなされた。戦後の混乱期に国、GHQ、地方自治体と住民の連携によって実現した貴重な施設である。

広島県砂防課提供

DATA
重文 廿日市市宮島町

鞆大波止(波戸)、西波止

↓P18

鞆の安全と繁栄を守った防波堤

鞆湾口東西に設置された防波堤。大波止は全長一四七メートル、西波止は同四七メートルで、いずれも大小の花崗岩を積み上げて造られている。

一八一一年(文化八)福山藩と鞆の町民たちが経費を負担して築かれた。施工者は江戸時代後期の発明家、実業家である工楽松右衛門で、松右衛門自らが開発した当時最新の工法によって築堤されている。

竣工後は、荒天時に鞆に寄港する船が増えたと伝えられ、のちに築かれた玉津島波止(一八四七年〈弘化三〉築造)とともに、現在も鞆港の安全を守っている。

大波止(筆者撮影)

DATA
福山市鞆町

国兼池

↓P17

周囲約一六キロ、本県最大の農業用ため池。一六四六年(正保三)築造、以後数度にわたり改良工事が行われた。現在も貴重な水源であり、周辺は国営備北丘陵公園として整備されている。

DATA　庄原市戸郷町

新溝と論山堤

↓P20

一七一三年(正徳三)に築造された、ため池(論山堤)と灌漑水路(新溝)。庄屋であった喜久武右衛門の発案によって築かれ、約二〇ヘクタールに及ぶ水田が開かれたと伝えられる。

DATA　市指定（史跡）　安芸高田市向原町

福島堤防と小林三角和久

↓P23

旧山陽道木野川渡し場跡(市史跡)の上流に築かれた堤防と水制。堤防は全長約一〇〇メートルの石積み、江戸時代初期に福島正則が築造したとの伝承がある。水制は堤防の上流に設けられている。

DATA　市指定（史跡）　大竹市木野町

旭堤（浅野堤）

↓P17

江戸時代の三次町の東側、西城川沿いに築かれた堤防。三次藩主の浅野氏が築いたと伝えられる。川に面した側を石積みで固め、地先に水制を備えていた。現在、一部が保存、公開されている。

DATA　三次市三次町

堂々川六番砂留

↓P18

福山藩によって築かれた江戸時代の砂留(砂防堰堤)の一つ。高さ一三・三メートル、花崗岩を成層布積で積み上げる。一八世紀中頃に築造され、以後数度にわたりかさ上げ増築が繰り返されている。

DATA　登録　福山市神辺町

砂堰の石柱

↓P18

芦田川の洪水対策として堤防の規制高を示した石柱。一九〇五年(明治三十八)「羽賀の砂堰」に設置され、一九三三年(昭和八)砂堰撤去にあわせて、治水をめぐる闘いの歴史を伝えるため移築された。

DATA　福山市御幸町

県内のおもな祭礼・行事一覧

月	開催日	名称	指定	所在地	補足
1月	中旬	とんど・神明	★	県内	
2月	3日（節分）	吉備津神社ほら吹き神事		福山市	
	第2日曜日	沼名前神社御弓神事	★	福山市	御奉射の一例（旧暦1月7日）
	第2日曜を含む金・土・日	神明市		三原市	
3月	3月初旬、9月初旬	御島廻式		廿日市市	
	第4土曜・日曜	能地春祭のふとんだんじり	◆	三原市	
4月	第1日曜	名荷神楽	◆	尾道市	
	第2日曜	御調八幡宮の花おどり	◆	三原市	神社の大きな行事のとき
	15日頃、10月15日頃	中庄神楽	◆	尾道市	
	15日、11月15日	大聖院火渡り式		廿日市市	火渡り法要の一例
	下旬から上旬	供養田植	◆	庄原市	4年ごとに開催
		小味の花おどり	◆	尾道市	魔訶衍寺御開帳に併せて奉納
5月	5日	だんじり屋台	★	安芸高田市	吉田の市入り祭りで公開
	第2日曜、最終日曜	安芸のはやし田	●	北広島町 安芸高田市	新庄のはやし田、原田のはやし田
	第2日曜	南条おどり	◆	北広島町	
	上旬	本郷神楽	◆	福山市	丑歳、未歳の式年
	下旬の日曜	本郷のはやし田・生田のはやし田・桑田のはやし田	◆	安芸高田市	
	4年おき月末	塩原の大山供養田植	●	庄原市	
	5年に一度	供養田植	◆	神石高原町	
6月	第1日曜	壬生の花田植	●	北広島町	ユネスコ無形文化遺産
	第1日曜	本地の花笠踊り	■◆	北広島町	
	第1金曜から3日間	とうかさん		広島市	広島三大祭りの一つ
	月末の金曜・土曜	尾道祇園祭りの三体廻し	★	尾道市	
	月末	夏越の祓（茅の輪くぐり）		県内	
7月	第1日曜、10月第1日曜	はねおどり	◆	福山市	
	第2日曜の前夜	沼名前神社御手火神事	★	福山市	
	10日前後の日曜	本郷獅子舞	◆	安芸高田市	
	下旬頃	住吉祭り		広島市	広島三大祭りの一つ（旧暦6月14日・15日）
		厳島神社管絃祭		廿日市市	（旧暦6月17日）
		大崎上島櫂伝馬競漕	▼	大崎上島町	きのえ十七夜祭（旧暦6月17日）、ひがしの住吉祭（8月13日）で公開
	第3日曜	矢野の神儀	◆	府中市	小童祇園祭（三次市）に奉納
	15日に近い日曜	稲生神社ぎおん祭のおどり	◆	三原市	旧6月望（もち）の日

※●国指定重要無形民俗文化財　◆県指定無形民俗文化財　★市指定無形民俗文化財
▼町指定無形民俗文化財　■記録作成等の措置を講ずべき無形の民俗文化財（国選択）

※参考文献　「広島県の文化財」（県教委ＨＰ）、『広島県の歴史散歩』（山川出版社）、『広島県の歴史』（山川出版社）、「ひろしま文化大百科」（ＷＥＢ）、「ひろしまのまつり」（広島県神社庁ＨＰ）

月	日	行事	区分	所在地	備考
7月	中旬の日曜	忠海の祇園祭みこし行事	◆	竹原市	
	第4土曜	御手洗櫓祭り		呉市	
8月	(管絃祭の2週間後)	玉取祭		廿日市市	
	中旬	二上りおどり	◆	福山市	
		榊山神社神楽踊り	▼	熊野町	
	14日	はねおどり	◆	福山市	
	15日	椋浦の法楽おどり	◆	尾道市	
	第2金・土・日	三原やっさ祭り		三原市	
	16日	ちんこんかん	◆	三原市	
	17日・18日	宮島踊	★	廿日市市	
	18日(隔年)	太鼓おどり	◆	尾道市	旧暦7月18日
	19日・20日	だんじり仁和加狂言	▼	世羅町	廿日えびすで公開
	下旬頃	みあがりおどり	◆	尾道市	旧暦7月17日
9月	初旬頃	宮島のタノモサン	■	廿日市市	旧暦8月1日
9月〜10月		高田神楽	◆	安芸高田市	各神楽団が地元の各社に奉納
		山県神楽	◆	北広島町 安芸太田町	各神楽団が地元の各社に奉納
10月	中旬頃	ひんよう踊	◆	福山市	旧暦9月17日、10月第1日曜
	第1土曜・日曜	福田のししまい	◆	竹原市	
		鶴岡八幡の神事	◆	神石高原町	
	第1日曜	堀八幡の流鏑馬	◆	安芸太田町	
	9日〜10日	神殿入り	◆	世羅町	
	体育の日前日	湯立神楽	◆	安芸太田町	

月	日	行事	区分	所在地	備考
	10日・11日	神儀	◆	神石高原町	
	体育の日	神楽―五行祭―	◆	東広島市	
	中旬	火ともしまつり	▼	海田町	
	15日に近い土曜	阿刀神楽	■◆	広島市	
	12日〜	辻八幡の神殿入り	◆	三次市	
	3年ごと第2日曜	仁方の櫂踊り	★	呉市	
	第2土曜夜	津田神楽	◆	廿日市市	
	第2日曜前夜	原神楽	◆	廿日市市	
	第2日曜	柞磨の継獅子舞	★	福山市	府中市にも同例あり
	19日に近い日曜	久井稲生神社の御当	■	三原市	
	第3土曜夜・日曜	蔵王のはねおどり	◆	福山市	
	4年に一度	備後田尻荒神神楽	◆	福山市	
	第3日曜	木ノ庄の鉦太鼓おどり	◆	尾道市	
		小原大元神楽	◆	北広島町	7年ごとの式年祭
11月	1日〜3日	ベッチャー祭り	★	尾道市	
	旧暦10月(11月)最初の亥の日	いのこ		広島市など	
	17日から4日間	えびす講		広島市	広島三大祭りの一つ
	各社例祭日の前夜ほか	三上神楽	◆	庄原市	
10月初旬から12月下旬		比婆荒神神楽	●	庄原市	大神楽4年に1回秋、小神楽秋
12月	31日	鎮火斎		廿日市市	

安芸	沙田（さた）	沙田	豊田	豊田	東広島市・三原市
	沼田（ぬた）	豊田			竹原市・東広島市・呉市
	賀茂（かも）	加茂	賀茂	賀茂	
	山縣（やまかた）	山縣	山縣	山縣	山県郡
	高田（たかた）	高田	高田	高田	広島市・安芸高田市
	高宮（たかみや）				
	安藝	安南 安藝 安北 高宮	安藝	安藝	安芸郡・呉市・広島市・江田島市
			高宮	安佐	広島市
	佐伯（さへき）	佐東 沼田 佐西 佐伯	沼田		
			佐伯	佐伯	広島市・大竹市・廿日市市

※現代の市町村名はおもなものを示す。
※『広島県の歴史』（山川出版社）をもとに作成。古代は延喜式、中世は吾妻鏡その他、近世は郡名考・天保郷帳、近代は新郡区編成にもとづく。

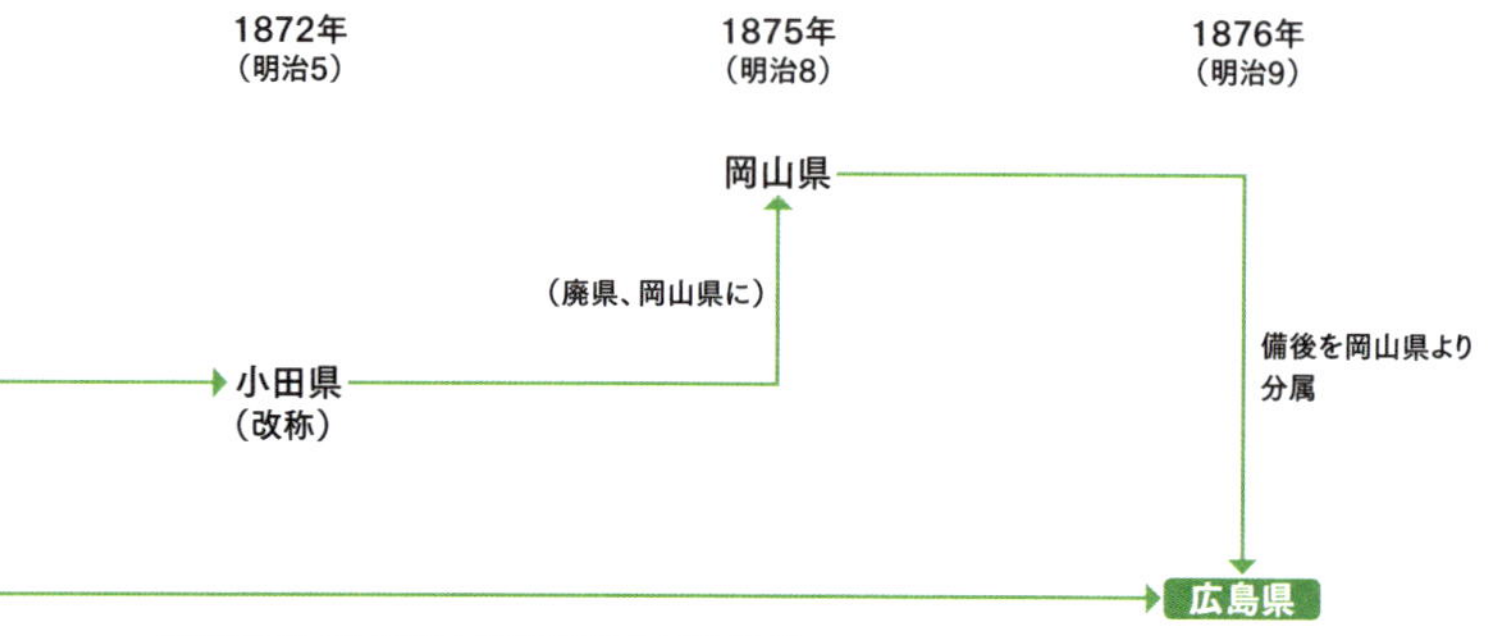

※『広島県の百年』（山川出版社）をもとに作成。

国・郡の変遷

国名＼時期	古代	中世	近世	近代	現代
備後	安那（やすな）	安那	安那	深安	福山市
	深津	深津	深津		
	沼隈（ぬのくま）	沼隈	沼隈	沼隈	福山市・尾道市
	葦田（あした）	葦田 蘆田	蘆田（あしだ）	蘆品（あしな）	福山市・府中市
	品治	品治	品治（ほんじ）		
	神石（かめし）	上石 神石	神石（じんせき）	神石	神石郡
	甲奴（かふの）	甲奴 甲怒	甲怒（かふぬ）	甲奴	府中市・三次市・庄原市
	世羅	世羅 世良	世羅	世羅	世羅郡
	三上（みかみ）	三上	三上	比婆（ひば）	庄原市
	奴可（ぬか）	奴可 怒哥	奴可		
	恵蘇（えそ）	恵蘇	恵蘇		
	三次（みよし）	三次 三吉	三次	雙三（ふたみ）	三次市
	三谿（みたに）	三谿 三谷	三谿		
	御調（みつぎ）	御調	御調	御調	尾道市・三原市

広島県の成立過程

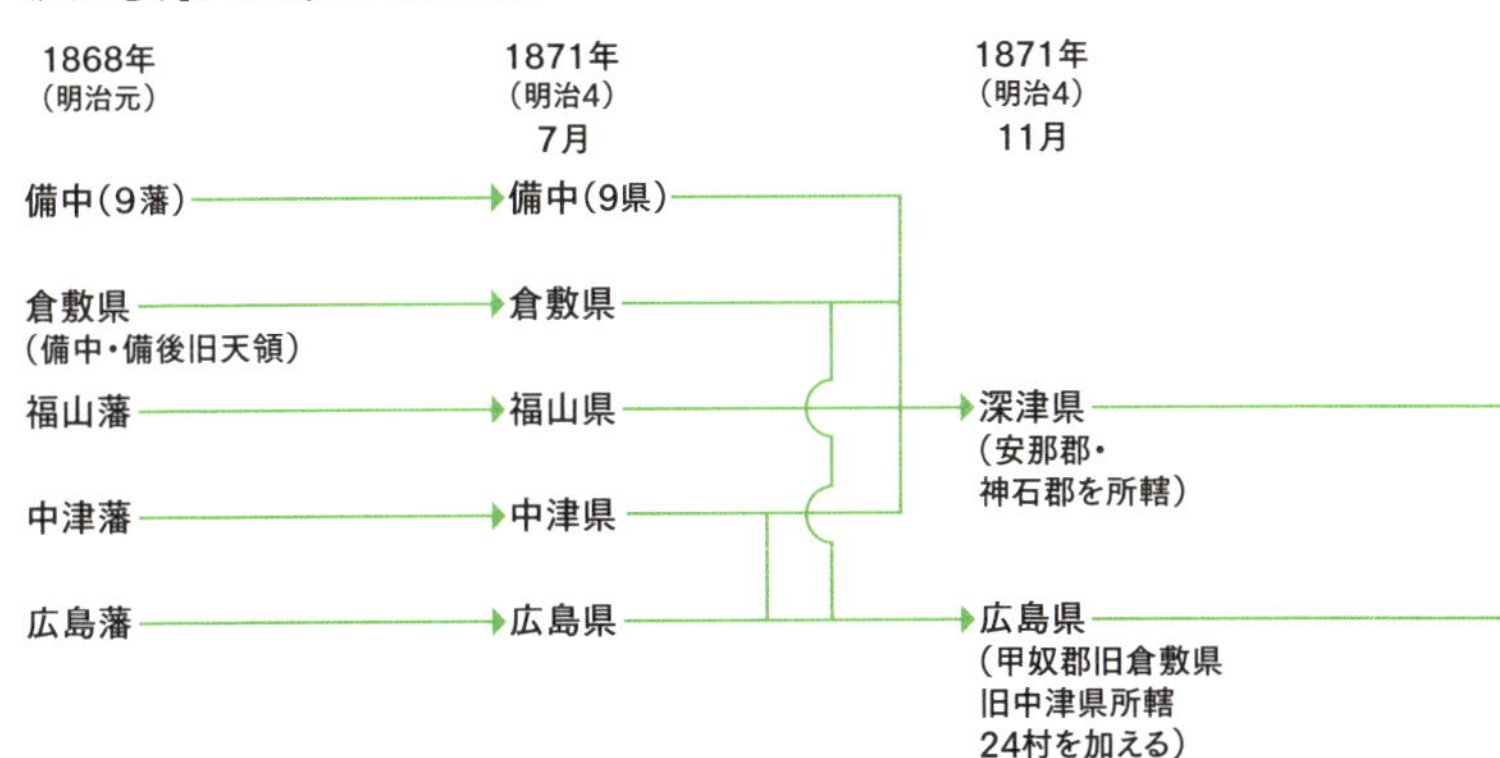

主要参考文献 ※五十音順

青木茂編著『新修尾道市史』全六巻、尾道市役所、一九七一～七七

飯分徹「応永の安芸国人一揆の再検討」(『史觀』第一七〇冊、二〇一四)

沖憲明・久下実「冠遺跡群」(文化庁編『発掘された日本列島二〇〇〇～二〇〇四』朝日新聞社、二〇〇四)

奥本剛『呉・江田島・広島　戦争遺跡ガイドブック〈増補改訂版〉』潮書房光人社、二〇一六

小都隆『吉川氏城館跡―中世安芸の城と館』(日本の遺跡三三)同成社、二〇〇八

角田徳幸『たたら製鉄の歴史』(歴史文化ライブラリー四八四)吉川弘文館、二〇一九

角重始「安芸国における荘園公領制の形成―在庁葉山城氏を中心として」(『日本史研究』二七五号、一九八五)

川﨑壽『ハワイ日本人移民史―1868-1952(明治元年～昭和二十七年)』ハワイ移民資料館仁保島村、二〇二〇

神田由築『近世の芸能興行と地域社会』東京大学出版会、一九九九

菅茶山関係書籍発刊委員会編著『菅茶山の世界―黄葉夕陽文庫から』文芸社、二〇〇九

岸田裕之『大名領国の構成的展開』吉川弘文館、一九八三

葛原克人・古瀬清秀編『吉備の古墳　下　備中・備後』(吉備考古ライブラリィ五)吉備人出版、二〇〇〇

呉市史編纂委員会編『呉市制一〇〇周年記念版　呉の歴史』呉市、二〇〇二

呉レンガ建造物研究会編著『街のいろはレンガ色―呉レンガ考』中国新聞社、一九九三

公益財団法人中国地域創造研究センター編『地域産業発展史―広島県編』公益財団法人中国地域創造研究センター、二〇一八

後藤陽一編『瀬戸内御手洗港の歴史』御手洗史編纂委員会、一九六二

後藤陽一監修『広島県の地名』(日本歴史地名大系35)平凡社、一九八二

小山耕平・熊原康博・藤本理志「広島県内の洪水・土砂災害に関

する石碑の特徴と防災上の意義」(『地理科学』七二、二〇一七)
下向井龍彦『武士の成長と院政』(日本の歴史07)講談社、二〇〇一
鈴木康之『中世瀬戸内の港町　草戸千軒町遺跡〈改訂版〉』(シリーズ「遺跡を学ぶ」040)新泉社、二〇二三
高橋昌明「平清盛の対中国外交と大輪田泊」(『海港都市研究』2号、二〇〇七)
中山富広「近世厳島研究序説—その経済的基盤と観光産業」(『厳島研究』第4号、二〇〇八)
野坂元良編『厳島信仰事典』(神仏信仰事典シリーズ八)戎光祥出版、二〇〇二
野原建一『たたら製鉄業史の研究』溪水社、二〇〇八
長谷川博史『列島の戦国史3　大内氏の興亡と西日本社会』吉川弘文館、二〇二〇
被爆50年記念史編修研究会編『被爆50周年　図説戦後広島市史—街と暮らしの50年』広島市企画総務局公文書館、一九九六
被爆70年史編修研究会編『広島市被爆70年史—あの日まで　そして、あの日から　1945年8月6日』広島市、二〇一八
広島県編『広島県史』全二七巻、広島県、一九七二〜八四
広島県教育委員会編『広島県文化財保存活用大綱』広島県教育委員会、二〇二一　https://www.pref.hiroshima.lg.jp/uploaded/attachment/434210.pdf　※以下、URLは二〇二五年三月十九日閲覧
広島県教育委員会編『広島県文化財防災マニュアル』広島県教育委員会、二〇二二　https://www.pref.hiroshima.lg.jp/uploaded/attachment/478398.pdf
広島県教育委員会事務局管理部文化課編『広島県の近代化遺産—広島県近代化遺産(建造物等)総合調査報告書』広島県教育委員会、一九九八
広島県立文書館編『激動の時代—幕末維新の広島と古文書』広島県立文書館、二〇一一　https://www.pref.hiroshima.lg.jp/uploaded/attachment/41102.pdf
広島県立文書館編『災害を語る歴史資料』広島県立文書館、二〇二〇　https://www.pref.hiroshima.lg.jp/soshiki_file/monjokan/zuroku/r2zurokusaigai.pdf
広島県立文書館編『災害を語る歴史資料Ⅱ』広島県立文書館、二〇二三　https://www.pref.hiroshima.lg.jp/soshiki_file/monjokan/zuroku/r4zuroku-saigai2.pdf
広島県立歴史博物館編『幕末の動乱と瀬戸内海』広島県立歴史博物館、二〇一〇
広島県立歴史博物館編『医師・窪田次郎の自由民権運動』広島県立歴史博物館、一九九七
広島県立歴史民俗資料館編『広島県の弥生土器』広島県立歴史民

俗資料館、一九八五
広島県立歴史民俗資料館編『祭礼に舞う―広島の舞楽・能楽・神楽』広島県立歴史民俗資料館、二〇一〇
広島県立歴史民俗資料館編『霧に包まれた古墳の謎―大王の時代と三次盆地』広島県立歴史民俗資料館、二〇一九
広島県林務部編『広島県治山五十年史』広島県、一九六二
広島市(広島市公文書館)編『図説広島市史』広島市(広島市公文書館)、一九八九
広島市郷土資料館編『ひろしま近代医学のあけぼの』広島市市民局文化スポーツ部文化財担当、二〇〇六
広島市郷土資料館編『陸軍の三廠―宇品線沿線の軍需施設』広島市郷土資料館、二〇一四(二〇二二年に調査報告書第20集として復刻)
広島市郷土資料館編『広島の災害の歴史―自然の猛威と先人の知恵』広島市郷土資料館、二〇二〇
広島市役所『新修広島市史』全七巻、広島市役所、一九五八～六二
広島城・吉田町歴史民俗資料館編『毛利輝元と二つの城―広島築城と残された吉田郡山城』広島城・吉田町歴史民俗資料館、二〇〇三
広島大学大学院文学研究科帝釈峡遺跡群発掘調査室編『帝釈峡遺跡群―調査と研究四〇年』広島大学大学院文学研究科帝釈峡遺跡群発掘調査室、二〇〇二
広島都市生活研究会編『広島被爆40年史―都市の復興』広島市企画調整局文化担当、一九八五
福山市史編纂会編『福山市史』全三巻、福山市編纂会、一九六八～一七
福山市史編さん委員会編『福山市史』全八巻、福山市、二〇一〇
福山市鞆の浦歴史民俗資料館『坂本龍馬といろは丸』福山市鞆の浦歴史民俗資料館、二〇〇八
湊哲夫・亀田修一『吉備の古代寺院』(吉備考古ライブラリィ一三)吉備人出版、二〇〇六
三原市役所編『三原市史』全七巻、三原市役所、一九七〇～二〇〇七
三村泰臣『広島の神楽探訪』南々社、二〇〇四
三村泰臣『中国・四国地方の神楽探訪』南々社、二〇一三
吉越昭久『近世福山城下町の歴史災害』文理閣、二〇二〇
頼祺一『近世後期朱子学派の研究』溪水社、一九八六
頼祺一編『広島・福山と山陽道』(街道の日本史四一)吉川弘文館、二〇〇六
脇坂光彦・小都隆編著『探訪・広島県の考古学―百聞よりも一見』溪水社、二〇一三

執筆者紹介

※五十音順、二〇二五年三月現在。

荒平悠　あらひら・ゆたか
一九八三年生まれ。呉市文化スポーツ部文化振興課主査
➡P34〜35、130〜149

川邊あさひ　かわべ・あさひ
一九九一年生まれ。頼山陽史跡資料館学芸員
➡P104〜117

皿海弘樹　さらがい・ひろき
一九八五年生まれ。福山城博物館学芸員
➡P94〜103

白井比佐雄　しらい・ひさお

編者

一九六二年生まれ。広島県立歴史博物館アドバイザー、前広島県教育委員会文化財課長

↓P９～13、28～29、32～33、36～37、118～129、158～159、168～179

中道豪一　なかみち・ごういち

一九七八年生まれ。出雲大社大社國學館講師、広島修道大学非常勤講師

↓P38～39、150～157、160～167

村田晋　むらた・すすむ

一九八九年生まれ。公益財団法人広島県教育事業団事務局埋蔵文化財調査室調査研究員

↓P24～27、42～65

吉野健志　よしの・たけし

一九六三年生まれ。東広島市教育委員会生涯学習部文化課文化財係長

↓P30～31、66～93

＊編者・著者プロフィールは、P187-188 に掲載。

企画委員：山下信一郎・浅野啓介

編集協力：かみゆ歴史編集部（滝沢弘康、北畠夏影）
図版作成：グラフ
地図作成：ミヤイン
組版：キャップス
装丁・本文デザイン：黒岩二三［fomalhaut］

日本史のなかの広島県

2025年4月20日　第1版第1刷印刷
2025年4月30日　第1版第1刷発行

編　者　白井比佐雄
発行者　野澤武史
発行所　株式会社山川出版社
東京都千代田区内神田1-13-13　〒101-0047
電　話　03（3293）8131（営業）
03（3293）1802（編集）
印　刷　半七写真印刷工業株式会社
製　本　株式会社ブロケード

https://www.yamakawa.co.jp/

ISBN 978-4-634-24907-3